पूर्वाभ्यास

[आरम्भिक एकांकी]

पूर्वाभ्यास

[आरम्भिक एकांकी]

मोहन राकेश

सम्पादक

जयदेव तनेजा

राजकमल प्रकाशन

ISBN : 978-81-267-1582-4

मूल्य : ₹495

पहला संस्करण : 2008
पहली आवृत्ति : 2023

प्रकाशक : राजकमल प्रकाशन प्रा.लि.
1-बी, नेताजी सुभाष मार्ग, दरियागंज
नई दिल्ली-110 002

शाखाएँ : अशोक राजपथ, साइंस कॉलेज के सामने, पटना-800 006
पहली मंजिल, दरबारी बिल्डिंग, महात्मा गांधी मार्ग, प्रयागराज-211 001
1, अनमोल सोराबजी संतुक लेन, धोबी तलाव, मरीन लाइंस, मुम्बई-400 002
वेबसाइट : www.rajkamalprakashan.com
ई-मेल : info@rajkamalprakashan.com

मुद्रक : राजकमल प्रेस
नई दिल्ली-110 002

PURVABHYAS
(Play) by Mohan Rakesh
Edited by Jaydev Taneja

स्वर्गीय डॉ. लक्ष्मणस्वरूप

को

जिन्होंने मेरी नाटकीय प्रवृत्ति को

प्रेरित और प्रोत्साहित किया।

—राकेश

रंगपीठिका

कम लोग जानते हैं कि **आषाढ़ का एक दिन** जैसे साहित्य-रंगमंच समन्वित परिपक्व, श्रेष्ठ और लगभग कालजयी नाटक लिखने से पहले कथाकार मोहन राकेश ने एक लम्बी रंग-साधना की थी। अपनी लेखन-यात्रा का श्रीगणेश उन्होंने सत्रह वर्ष की आयु में **समझ का फेर** नामक एकांकी लिखकर किया था। यथार्थवादी किस्म का यह समस्या एकांकी स्वयं राकेश के पिता की बीमारी और मृत्यु तथा दादी माँ के अंधविश्वासी चरित्र की त्रासदी के स्वानुभव पर आधारित था। इसकी चर्चा तो अक्सर होती रही, लेकिन अप्रकाशित एवं अप्रसारित होने के कारण कभी कोई इसे पढ़-सुन नहीं सका। 1941 में स्कूल की कॉपी के पन्नों पर राकेश के हाथ से लिखा उनका यह पहला एकांकी मुझे उनकी पुरानी फ़ाइलों, किताबों, डायरियों, पत्रों और फटे-पुराने कागज़ों के गट्ठर की खोजबीन करते हुए मिला। **रिहर्सल** का प्रथम पृष्ठ **समझ का फेर** के अन्तिम पृष्ठ पर ही लिखा गया था। पूरा एकांकी 1942 में 'उषा' नामक पत्रिका में छपा और 1947 में अभिमंचित हुआ। दूसरी बार इसका किंचित् संशोधित रूप बम्बई में खेला गया। 1945 में लिखित **घड़ीभर एकांत** राकेश के हस्तलेख में मिला। **मिट्टी का मानव** 1946 में 'सरस्वती' में प्रकाशित हुआ। इसका वर्तमान रूप इसके पहले प्रारूप से थोड़ा भिन्न है। देश के विभाजन से कुछ ही समय पहले लिखा गया रंग-एकांकी **कर्फ़्यू** 1947 में 'सरिता' में प्रकाशित हुआ। ये रचना लाहौर में अचानक भड़के दंगों के कारण शहर में लगाए गए कर्फ़्यू के दौरान बस स्टॉप पर खड़े विभिन्न आयु, वर्ग, सामाजिकता और मानसिकता के डरे-सहमे और किसी तरह अपने-अपने घर/गंतव्य तक पहुँच जाने को आतुर लोगों के बारे में है। ये लोग हड़बड़ी और बेसब्री से उस बस की प्रतीक्षा में खड़े हैं जो न आती है और न कभी आएगी। ये एब्सर्ड किस्म की रचना एक स्तर पर बैकेट के सुप्रसिद्ध नाटक **गोदो का इन्तजार** की याद दिलाती है। 'कर्फ़्यू' प्रकाशित होने के बावजूद कभी मंचित-प्रसारित नहीं हुआ। कालान्तर में राकेश ने इसमें कई परिवर्तन किए और अन्त को भी बदलकर ध्वनि-एकांकी के रूप में लिखा। तब ये रेडियो से कई बार प्रसारित हुआ। **स्वयंवर** को 1947-48 में दो बार प्रस्तुत किया गया।

ऐतिहासिक एकांकी **कलिंग-विजय** भी उसी दौर की रचना है। यह 'सरस्वती' में प्रकाशित और बम्बई में अभिमंचित हुआ। इसका किंचित् संशोधित रूप राकेश के 1949 में छपे एकांकी-संकलन 'सत्य और कल्पना' में छपा। **कलिंग-विजय** के अतिरिक्त इस संग्रह में **मिट्टी का मानव, प्रतीक्षा, बिजली का बिल, स्वयंवर** और **रिहर्सल** शामिल थे।

1958 में राकेश ने **कलिंग-विजय** को पुनः संशोधित-परिवर्तित किया तो इसके पात्रों, प्रसंगों में काफी बदलाव आ गया। दुर्भाग्य से इस एकांकी के नए रूप की ऐसी टंकित प्रति मिली जिसमें रंग-निर्देशों के स्थान रिक्त थे और प्रथम तथा अन्तिम पृष्ठ भी ग़ायब थे। इसलिए पहले प्रारूप के आधार पर इसे सम्पादक को पूरा करना पड़ा है। **विदा-निशा** जुलाई 1954 में और ध्वनि-एकांकी **तुलसीदास** नवम्बर 1954 के 'विश्व ज्योति' में प्रकाशित हुए थे।

प्रतीक्षा का पुनर्लिखित रूप ही अब राकेश के बहुचर्चित-बहुमंचित लघु-नाटक **सिपाही की माँ** और पूर्वलिखित **मनहूस आदमी** (इसका मूल रूप नहीं मिला, लेकिन उसके एक उपलब्ध पृष्ठ को पुस्तक में छापा गया है, जिससे राकेश की 'संशोधन- प्रक्रिया' का सहज ही अनुमान लगाया जा सकता है) का नया रूप **प्यालियाँ टूटती हैं** के रूप में सहज उपलब्ध है। 1958 में लिखा गया **खालिस-नाखालिस** भी टंकित रूप में मिला है। इसका अन्तिम पृष्ठ राकेश की फ़ाइलों में कहीं नहीं मिला। परन्तु फ़तह सिंह के चरित्र और नाट्य-विडम्बना का उद्‌घाटन इसके उपलब्ध अन्तिम संवाद से लगभग पूर्ण-सा हो जाता है। इसलिए इसका मौजूदा खंडित रूप भी इस एकांकी के आस्वाद या समग्र-प्रभाव में कोई विशेष अवरोध पैदा नहीं करता। इनके अतिरिक्त, जालन्धर में रहते हुए, इसी दौर में राकेश ने कुछ और ध्वनि-एकांकी भी लिखे और अपनी ही कुछ रचनाओं के रेडियो-रूपान्तर भी किए थे। इसमें से जो भी उपलब्ध हो सके वे सब **रात बीतने तक तथा अन्य ध्वनि नाटक** संग्रह में पहले ही प्रकाशित हो चुके हैं।

यही नहीं, इसी आरम्भिक नाट्य-लेखन के साथ-साथ राकेश रंगमंच से प्रत्यक्षतः भी जुड़े रहे थे। सन् 1945-46 में लाहौर में अध्ययन करते हुए उन्होंने पंजाब विश्वविद्यालय की 'संस्कृत परिषद्' के लिए संस्कृत के तीन क्लासिक नाटकों का निर्देशन किया और भास के **स्वप्नवासवदत्ता** में पद्‌मावती की भूमिका भी निभाई। उन्हीं के शब्दों में ये बेशक 'आदिम स्तरीय प्रस्तुतियाँ' थीं, किन्तु इनके अनुभव ने निश्चय ही उनके नाटककार को अधिक रंग-चेता बनाया होगा। तभी उन्हें यह महसूस हुआ कि अपने नर्वस स्वभाव के कारण, तीव्र इच्छा के बावजूद, उनका सफल रंगमंचीय अभिनेता बनना कठिन है और वह रिहर्सल का काम अधिक कुशलता एवं समझदारी से निभा सकते हैं। अभिनय की इस उत्कट दमित इच्छा के कारण ही उन्होंने जालन्धर से प्रसारित **आषाढ़ का एक दिन** के

रेडियो रूपान्तर में कालिदास की भूमिका निभाई और अमृतसर के जलियाँवाला बाग में प्रस्तुत अपने ध्वनि-प्रकाश आलेख **विग्रंस : 1919** में जनरल डायर को अपनी आवाज़ दी।

परन्तु इस संकलन के सम्बन्ध में यह तथ्य भी उल्लेखनीय है कि कालान्तर में हिन्दी के एक प्रमुख एवं महत्त्वपूर्ण कथाकार-नाटककार के रूप में प्रसिद्ध और प्रतिष्ठित हो जाने के बाद परफ़ैक्शनिष्ठ रचनाकार मोहन राकेश ने **सत्य और कल्पना** के अपने आरम्भिक एकांकियों को एक प्रकार से डिसओन कर दिया और उस संग्रह को दुबारा नहीं छपवाया। यही कारण है कि उनकी प्रकाशित रचनाओं की सूची में कहीं भी उसका उल्लेख नहीं मिला। श्रीमती अनीता राकेश के सहयोग से काफ़ी मेहनत और तलाश के बाद 1997 में **सत्य और कल्पना** की एक फटी-पुरानी प्रति मिली थी, जिसमें **बिजली का बिल** नामक एक एकांकी ग़ायब था। इसे हाल में ही ढूँढ़ा जा सका है। यहीं यह प्रासंगिक, महत्त्वपूर्ण और नैतिक प्रश्न उठता है कि स्वयं रचनाकार द्वारा डिसओन कर दी किसी आरम्भिक और कच्ची-पक्की कृति को, बेशक कुछ अन्य अब तक अनुपलब्ध रचनाओं के साथ, अब किसी नई पुस्तक के रूप में प्रकाशित कराना लेखक के प्रति अन्याय और अतिचार नहीं है? मोहन राकेश जैसे अपनी कृति और छवि के प्रति अत्यन्त सचेत, संवेदनशील एवं गम्भीर लेखक के साथ ऐसा सुलूक करने का क्या किसी को भी अधिकार है?

यह यक्ष-प्रश्न उत्तर की प्रतीक्षा में वर्षों तक मेरे सामने मुँह बाये खड़ा रहा है। आज भी मेरे पास इस प्रश्न का कोई निश्चित और अन्तिम उत्तर नहीं है। फिर भी, हम जानते हैं कि मई 1938 में प्रकाशित 'हंस' के एकांकी-विशेषांक से लेकर 1950-55 तक का समय हिन्दी एकांकी के अस्तित्व एवं महत्त्व को लेकर खासे वाद-विवाद और संघर्ष का समय रहा है। राकेश के ये एकांकी भी उसी दौर की रचनाएँ हैं। इन्हें पढ़कर मुझे लगा कि ये एकांकी न केवल हमें उस ऐतिहासिक दौर का ही साक्षात्कार कराते हैं, बल्कि स्वयं नाटककार राकेश के प्रारम्भ-बिन्दु से लेकर अन्तिम समय तक की उसकी रंग-दृष्टि, विकास-यात्रा और 'ग्रोथ' को जानने-समझने का प्रामाणिक आधार भी प्रस्तुत करते हैं। इस लिहाज़ से ये सब एकांकी दस्तावेज़ी महत्त्व के हैं और मोहन राकेश के नाट्य-प्रेमियों, प्रबुद्ध पाठकों, आलोचकों, इतिहासकारों तथा शोधार्थियों की सम्पत्ति हैं। इन पर उनका पूरा हक बनता है। ये हक़ उन्हें मिलना ही चाहिए और मैं यदि इस ज़रूरी काम का निमित्त बन सकता हूँ तो मेरे लिए यह प्रसन्नता का करणीय कृत्य होना चाहिए। इसके अतिरिक्त, अपनी इन आरम्भिक रचनाओं या उनके संशोधित प्रारूपों को अपनी फाइलों में पच्चीस-तीस वर्षों तक सँभाले रखने के पीछे भी निर्मोही और निष्ठुर रचनाकार राकेश का कोई-न-कोई मोह, तर्क, कारण या उद्देश्य

तो रहा ही होगा।

और अन्त में, इस किताब के बारे में दो-एक ज़रूरी बातें। इसमें मोहन राकेश के बारह आरम्भिक एकांकियों के चौदह प्रारूप संकलित हैं। **कफ़्यू** और **कलिंग-विजय** के दो-दो रूप रखे गए हैं। इनमें हमें नाटककार की रचना एवं संशोधन-प्रक्रिया का पता लगने के साथ-साथ उसकी रंग और ध्वनि माध्यमों की गहरी-बारीक पकड़-समझ का प्रमाण भी मिलता है। इस संग्रह में एकांकियों को उनके विषय, उद्देश्य, प्रभाव और (यथासम्भव) रचना-काल की दृष्टि से एक निश्चित क्रम में संयोजित किया गया है। आरम्भ में **समझ का फेर, मिट्टी और मानव** तथा **खालिस-नाखालिस** नामक पारिवारिक-सामाजिक समस्याओं एवं विडम्बनाओं पर आधारित रचनाओं को रखा गया है। इसके बाद **रिहर्सल, घड़ीभर एकान्त, बिजली का बिल** और **स्वयंवर** जैसे हास्य-व्यंग्य के दिलचस्प एकांकी हैं। **कफ़्यू, प्रतीक्षा** और **कलिंग-विजय** दंगे-फ़साद तथा युद्ध से आहत मानवता, आतंकित मानसिकता एवं त्रासदी की रचनाएँ हैं, जो हिंसा और युद्ध-विरोधी प्रभाव पैदा करती हैं। अन्त में **विदा-निशा** और **तुलसीदास** को रखा गया है, जो वैराग्य, भक्ति और वेदना के एकांकी हैं। इन सभी रचनाओं में विषय, चरित्र, परिवेश और शिल्पगत प्रयोगों का रोचक वैविध्य है।

स्पष्ट है कि ये सभी आरम्भिक एकांकी मोहन राकेश के सिद्ध-नाटककार बनने के 'पूर्वाभ्यास' की रचनाएँ हैं। संयोग से इस संग्रह के एक एकांकी का नाम भी **रिहर्सल**—यानी पूर्वाभ्यास ही है। आशा करता हूँ कि यह पुस्तक राकेश की रंग-यात्रा के गम्भीर अध्येताओं, हिन्दी एकांकी के उद्भव एवं विकास के अनुसंधाताओं, स्कूलों-कॉलेजों के छात्र-कलाकारों तथा शौकिया नाट्य-मंडलियों के उत्साही रंगकर्मियों के लिए रोचक और उपयोगी सिद्ध होगी।

बसन्त पंचमी-2007

—जयदेव तनेजा

अनुक्रम

संशोधन-दर-संशोधन—

'मनहूस आदमी' का एक पृष्ठ

को मैं न मिलता , इसका बाप मिल जाता ... वह इसे छोड़ देता ?

मीरा- लेकिन आप उसका ब्याह करेंगे, तो उसके लिए पैसे-वैसे की ज़रूरत नहीं पड़ेगी ? आप तो कह रहे थे कि आप के पास

दीवानचंद- इसी लिए तो आज मैं भोलानाथ के पास आया हूँ ।

भोलानाथ- मेरे पास ?

दीवानचंद- हाँ , मैंने कहा जिस तरह पम्मी को मैं अपनी बेटी समझता हूँ , उसी तरह - उसी तरह तुम मेरी लड़की को ... -।-

भोलानाथ फिर खड़ा हो जाता है ।

भोलानाथ- आप की लड़की को ? ... आप का मतलब है उस भिखारिन को .... ?

दीवानचंद- अब वह भिखारिन नहीं है बाबू भोलानाथ ? मैं उसे लड़की बना कर घर ले आया हूँ । और अब वह मेरी लड़की ही है । तुम्हें पता है शुक्ला के लिए मेरे दिल में कितनी-कितनी साधें थीं ...

माधुरी- वह आपके पास होती तो आप की सब साधें पूरी हो जातीं ।

दीवानचंद- लेकिन मैं अब भी सब साधें पूरी करना चाहता हूँ । माधुरी बीबी , तुम इस लड़की को भी मेरी शुक्ला ही समझो और ... ।

महिपत चाय की प्याली लिये हुए चम्मच से हिलाता हुआ आता है ।

मीरा- चाय की प्याली आ गयी है ।

माधुरी चाय की प्याली महिपत से लेकर दीवानचंद के हाथ में दे देती है ।

माधुरी- लीजिए जीजा जी , चाय भी लीजिए ।

मीरा- साथ कुछ खाने को लीजिएगा ?

दीवानचंद- नहीं , मेरे लिए चाय की प्याली ही काफ़ी है ।

चाय का घूँट भरता है , परन्तु होंठ जल जाते से प्याली छलक जाती है ।

वह होंठों पर ज़बान फेरता है और प्याली में फूँक मारता है ।

दीवानचंद- तुम लोग चाय नहीं पियोगे ? ... अच्छा हाँ , तुम लोगों को तो अभी पार्टी है

माधुरी व्यस्तता और चिन्ता से घड़ी की ओर देखती है ।

माधुरी- और वे लोग अब चार-छः मिनिट में आया ही चाहते हैं ।

परेशानी से होंठ काटकर मीरा की ओर देखती है ।

मिसेज़ मेहरा इज़ वेरी पंक्चुअल ।

मीरा- जीजा जी आप चाय पी लीजिए और .... मेरा मतलब है कि वे लोग ज़रा और तरह के आदमी हैं । आप को भी उन लोगों में बुरा लगेगा । इसलिए ... ।

समझ का फेर

पात्र

दयाशंकर : सम्भ्रान्त मध्यवर्गीय रोगी
विनोदशंकर : दयाशंकर का पुत्र, आयु लगभग 19 वर्ष
विजयशंकर : दयाशंकर का बड़ा सौतेला भाई
जानकी : दयाशंकर की माता
शीला : दयाशंकर की पत्नी; विनोदशंकर की माता
वैद्यजी, डॉक्टर, टूनेवाला[1], कुछ स्त्रियाँ
स्थान : दयाशंकर का घर।
समय : बाद दोपहर (फरवरी)

[पर्दा उठने पर स्टेज दो भागों में विभक्त दिखाई देता है। दाईं ओर का भाग रोगी का कमरा है। रोगी का पलंग पिछली दीवार से सटा हुआ है। पलंग पर का कीमती बिछावन अस्तव्यस्त-सा हो रहा है। पलंग से कुछ हटकर तीन-चार कुर्सियाँ बेतरतीब पड़ी हैं। सिरहाने के पास एक छोटी-सी मेज है, जिस पर कई तरह की दवाई की शीशियाँ खाली-अधखाली और भरी हुई, कुछ डिब्बियाँ और ऐसा ही सामान पड़ा है।]

[इस कमरे को बाएँ भाग से, जो कि दालान है, अलग करने के लिए एक दरवाजा है। दरवाजे के ऊपर रोशनदान है। इस समय दरवाजे पर एक सिरकी पड़ी हुई है। दालान में दो-तीन चटाइयाँ बिछी हैं और एक कुर्सी भी पड़ी है।]

[रोगी दयाशंकर कराह उठता है। जानकी देवी कुछ व्यस्तता से गंगाजली का जल उस पर छिड़कती जाती हैं। विनोदशंकर व्यग्रता से उसके पाँव दबाए जाता है। नेपथ्य में कुछ पग-ध्वनि सुनाई देती है। जानकी गंगाजली को मेज पर रखकर चुपचाप दालान में आ जाती है।]

जानकी : कौन है? *(नेपथ्य से स्त्री कंठ की आवाज आती है।)*
: सेठ सागरमल के घर से खबर पूछने आई हैं माँ जी!

---

1. टोना-टोटका करनेवाला ओझा/तांत्रिक—सं.

जानकी : *(व्यग्रता से)* आई मैं! *(बाहर निकल जाती हैं।)*

[इधर रोगी कराहकर करवट बदलता है। विनोद अधिक संलग्नता से पैर दबाने लगता है। विजयशंकर वैद्यजी को लिए हुए दालान में आ जाता है। विजयशंकर दालान पार करके पहले कमरे में झाँककर देखता है फिर वैद्यजी को आने के लिए संकेत करता है। दोनों अन्दर प्रवेश करते हैं।]

विजय : *(धीमे स्वर से)* सो गया?

विनोद : *(उदास स्वर से)* नहीं...नींद नहीं आई। अभी-अभी कराहकर करवट बदली है।

विजय : *(वैद्य से)* आवाज दूँ या नहीं?

वैद्यजी : नींद नहीं आई—बिल्कुल भी नहीं आई?

विनोद : जी नहीं।

वैद्यजी : वमन हुआ?

विनोद : आपके जाने के बाद तीन बार।

[वैद्यजी का मुख गम्भीर हो जाता है। रोगी फिर कराहकर करवट बदलता है। वैद्यजी चिन्ता-व्यंजक भाव से रोगी की नाड़ी देखने लगते हैं।]

विजय : पैरों की सूजन जरा भी नहीं घटती।

[वैद्यजी उत्तर दिए बिना उठकर दालान में आ जाते हैं। विजयशंकर भी साथ ही। विनोद पूर्ववत् पैर दबाता रहता है।]

विजय : *(डूबती हुई उत्सुकता से)* कैसी हालत है?

वैद्यजी : बुखार आगे से तेज है। कमजोरी बढ़ती जा रही है।

विजय : *(घबराकर)* फिर?

वैद्यजी : भगवान पर ही भरोसा है। दवाई तो कोई काम नहीं करती। यदि हालत ऐसे ही बिगड़ती गई तो बारह घंटे...

विजय : *(आँखों में आँसू भरकर)* वैद्यजी!

वैद्यजी : आप दिल हल्का न करें। मैंने एक वैद्य के नाते नहीं, एक घनिष्ठ मित्र के नाते अपनी पूरी शक्ति लगाकर देख ली है। पर अब बात मेरी समझ से बाहर होती जा रही है। डॉक्टर व्यास को एक बार फिर बुलाकर दिखा दीजिए। हो सकता है शायद...

विजय : *(करुण दीनता से)* आप सचमुच ही आशा छोड़ रहे हैं?

[वैद्यजी चुपचाप दालान से बाहर निकल जाते हैं। विजयशंकर भी आँखें पोंछते हुए पीछे ही निकल जाते हैं। उसी समय जानकी देवी दो-तीन स्त्रियों के साथ प्रवेश करती हैं।]

जानकी : *(कमरे के बाहर से)* विनोद!

विनोद : *(अन्दर से)* माँ जी!

जानकी : जरा बाहर आओ।

[विनोद अनिच्छापूर्वक रोगी के पास से उठकर बाहर दालान में आ जाता है।]

जानकी : उधर बैठक में इनका छोटा लड़का बैठा है, जरा दो मिनट उसका दिल बहलाओ। नौकर को मैंने बाजार भेजा है।

[विनोद आगंतुक स्त्रियों की ओर देखता है, फिर कुछ खिन्न-सा जानकी देवी की ओर।]

विनोद : मैं जरा उनके पाँव दाब रहा था...

[जानकी देवी भृकुटी चढ़ाकर उसकी ओर देखती हैं। वह सिर झुकाकर चुपचाप बाहर चला जाता है। जानकी देवी चिक उठाकर सबको अन्दर चलने के लिए निर्देश करती हैं, और अन्त में स्वयं भी कमरे के अन्दर आ जाती हैं। रोगी उन सबकी ओर देखकर एक बार फिर जोर से कराहता है।]

जानकी : कितने वैद्य डॉक्टर और न जाने कौन-कौन आए, पर लगती तो किसी की है ही नहीं। कितना कमजोर हो गया है। *(ठंडी साँस भरती है।)*

स्त्री-1 : डॉक्टरों, हकीमों से आजकल कुछ नहीं होता। *(जरा धीमे स्वर से)* किसी जादू, टूनेवाले को दिखाया होता। हमारे घर के पास ही एक डूम रहता है। कितनों को मौत के मुँह से बचा लाया है।

[रोगी जोर से कराहता है।]

स्त्री-2 : उसे जरूर दिखाइए। हमने भी उसकी बहुत तारीफ सुनी है। देखिए न क्या हाल हो गया है! हड्डियों के सिवाय कुछ बचा ही नहीं! पर उसके हाथ में बड़ी ताकत है।

स्त्री-1 : वह सब जगह तो वैसे जाता भी नहीं। पर हमारा उसे लिहाज है। यदि आप कहें...

[जानकी देवी उन्हें बाहर चलने का संकेत करती हैं। सब निकलकर दालान में आ जाती हैं।]

जानकी : *(दबे हुए स्वर में)* यह सब इन बातों को मानते नहीं। पर अब वैद्य डॉक्टरों के भरोसे बहुत दिन देख लिया!...आप जरूर कष्ट करें। आप जैसे भी हो...

स्त्री-1 : आप चिन्ता न करें। एक बार उसके हाथ डाल देने से फिर चिन्ता की कोई बात ही नहीं रह जाएगी। मैं अभी जाऊँगी। इनकी इतनी कमजोरी देखकर मेरा तो दिल डरने लगा है। अच्छा...

जानकी : उधर चलकर पहले कुछ जलपान कीजिए।...आइए—

[सब स्त्रियों के साथ बाहर चली जाती हैं। विनोद तत्परता से अन्दर आकर उसी प्रकार पिता के पैर दबाने लगता है। रोगी कराहता है। विनोद झट उठकर मेज पर से दवाई की एक शीशी उठाकर उसे हिलाने लगता है। जानकी देवी आती हैं।]

विनोद : आप उधर चली गईं। इधर यह अकेले...

जानकी : कुछ समझ भी है? बड़े घर की स्त्रियाँ थीं। वह बेचारी इतना कष्ट उठाकर यहाँ तक हाल पूछने आईं और मैं...यह कौन-सी दवाई है?

विनोद : जो वैद्यजी ने कल दी थी। इससे गले के छाले...

जानकी : हो गए ठीक! कल से हालत और भी बिगड़ गई है। फिर यही दवाई देकर अब बिल्कुल ही...

विनोद : जरा धीरे बात करें। उनकी हालत...

जानकी : *(क्रोधपूर्वक)* मैं उसकी दुश्मन हूँ? मैंने ही उसे पैदा किया, पढ़ाया, लिखाया और इतना बड़ा किया। पहले भी तो बीमार होता था। पर तुम लोगों की हिकमत के बगैर ही राजी कर लेती थी। अब तुम सब मिलकर जो न करो वही थोड़ा है।

[विनोद सिर लटकाकर दवाई की शीशी वहीं रख देता है। उसी समय बाहर पग-ध्वनि सुनाई देती है। विजयशंकर

हाथ में चमड़े का बॉक्स लिए डॉक्टर के साथ प्रवेश करते हैं। जानकी देवी एक ओर को हट जाती हैं। वह कुर्सियों पर बैठ जाते हैं।]

डॉक्टर : टेंपरेचर कितना है?

विनोद : जी, घण्टा भर पहले एक सौ तीन था। उसके बाद कम तो नहीं हुआ।

[रोगी करवट बदलकर कराहता है।]

डॉक्टर : *(हृदय-गति की परीक्षा करते हुए)* बोल सकते हैं?

विनोद : छत्तीस घंटे से कोई बात नहीं की। वैद्यजी कहते थे गला बहुत पक गया है। यदि पानी पिला दें तो कोई हर्ज तो नहीं?

डॉक्टर : नहीं...नहीं...। थोड़ा-थोड़ा पानी जरूर देते जाना चाहिए।

विनोद : बड़े माँजी का ख्याल था...

[जानकी देवी उसे घूरकर देखती हैं। वह चुप हो जाता है।]

डॉक्टर : मैं चार खुराकें भेजता हूँ। तीन-तीन घंटे बाद देते जाइए। *(विजयशंकर से)* आप चलिए मेरे साथ।

[विजयशंकर और डॉक्टर बाहर दालान में आ जाते हैं। उनके पीछे-पीछे जानकी देवी भी।]

विजय : क्यों डॉक्टर साहब?

डॉक्टर : हालत नाजुक है। बहुत सावधानी की जरूरत है।

विजय : आप जैसे कहें, वैसे ही किया जाएगा।

डॉक्टर : उस कमरे में ताजी हवा बिल्कुल नहीं जाती। इस दालान में लिटाएँ तो ज्यादा अच्छा है। देखभाल करनेवालों के अलावा और किसी को पास न आने दें। इससे रोगी को कष्ट होता है। दवाई ठीक समय पर दीजिए। शायद...

विजय : शायद?

डॉक्टर : हाँ-हाँ! कोशिश करना अपने हाथ में है। मेरे साथ आइए।

[डॉक्टर और पीछे-पीछे विजयशंकर बाहर चले जाते हैं। जानकी देवी झल्लाई-सी कुछ सोचने लगती हैं। शीला आती है। हाथ आटे में सने हुए हैं।]

शीला : *(विषादपूर्ण स्वर में)* डॉक्टर ने क्या कहा?

जानकी : *(झल्लाहट से)* कहा है यहाँ लाकर लिटाओ।

शीला : *(कुछ धीरे-से)* उस दिन वैद्यजी ने भी तो यही कहा था।

जानकी : तो फिर सोचना क्या है? ले आओ यहाँ। एक बुखार है, दूसरे हवा न लग जाए। जो नहीं हुआ, वह भी हो जाए।

[शीला व्यथित-सी होकर सिर झुका लेती है।]

शीला : और कुछ कहा है?

जानकी : कहा है सबका आना-जाना बन्द कर दो। जैसे वह लोग बीमारी हाथ में पकड़कर लाते हैं और लगा जाते हैं। जिस किसी के दिल में लगाव है, वही तो पूछने आता है। अपनी बहनों-बेटियों को रोक दूँ। सेठ सागरमल की धर्मपत्नी खुद चलकर आई थीं। उन्हें उलटे पैरों लौटा दूँ? बड़े आदमी इसे अपनी हेठी समझेंगे। तो सारी उमर के लिए बिगाड़ लूँ?

[शीला चुपचाप अन्दर झाँककर एक ठंडी साँस ले, धीरे-धीरे बाहर जाने लगती है।]

जानकी : चुप तो ऐसे हो जैसे बोलना सीखा ही नहीं। बेटा बात-बात पर नोक-टोक करता रहता है। जैसे एक ही समझदार पैदा हुआ है।

[शीला बाहर चली जाती है। जानकी देवी झुँझलाकर अन्दर आ जाती हैं। विनोद पानी का गिलास उठा चुका है, और चम्मच से पानी पिता के मुँह में डालने जा रहा है। रोगी विकलता से सूखे होंठों को खोलने की चेष्टा कर रहा है।]

जानकी : *(अत्यन्त क्रोध से)* जहर पिला दो। पानी से जल्दी बिगाड़ न होगा। खाने के नाम से तो उसके अन्दर कुछ जाता नहीं। खाली अँतड़ियों में जाकर पानी चाहे कलेजा चीर दे, पर तुम्हारी बला से।

[रोगी करुण दृष्टि से दोनों की ओर देखता है। विनोद दो चम्मच पानी उसके मुँह में डाल देता है।]

जानकी : पिला दिया? जान लेकर ही रहोगे?...कर लो जो तुमसे हो सके।

[आवेश में निकलकर बाहर दालान में आ जाती हैं। कुछ निस्तब्धता। दवाई लिए हुए विजयशंकर का प्रवेश।]

विजय : कैसी हालत है? *(जानकी देवी चुप रहती हैं।)*

विजय : चलकर यह खुराक तो पिला दो।

जानकी : तुम ही जाकर पिला दो। मैं अपने हाथों अपने बेटे की जान लेना नहीं चाहती।

विजय : *(मलिन आवेश के साथ)* यह दवाई भी बुरी हो गई? यह तो डॉक्टर ने पहली बार ही दी है।

जानकी : सभी दवाइयाँ पहली बार ही दी जाती हैं। यह लाल-लाल-सा पानी है। न जाने किसी जानवर का खून है।

विजय : दवाई खिलाए बगैर तो कुछ नहीं होगा।

जानकी : हाँ! ऐसी दवाई ही फायदा करेगी। धर्म डुबोकर ही फायदा मिलेगा। ऐसी-ऐसी दवाइयाँ खिला-खिलाकर आगे ही यह हाल कर दिया है। अब बाकी कसर भी न रहे।

[विजयशंकर विवश क्रोधमय मुद्रा से अन्दर चले जाते हैं।]

विजय : *(दवाई रखते हुए)* विनोद! डॉक्टर ने यह दवाई दी है।

[विनोद शीशी हिलाकर एक प्याली में दवाई उँडेलता है, और चम्मच से रोगी के मुँह में डालता है। जानकी देवी अन्दर आती हैं।]

जानकी : पिला दी? यों ही गला घोंट दो! *(रोगी जोर से कराहता है।)*

विजय : *(भर्त्सना भरे स्वर से)* कुछ तो धीरे बात करो।

जानकी : मेरे सामने तुम लोग मेरे बेटे को जहर दो, और मैं मुँह देखती रहूँ? कुछ भी न कहूँ?

विजय : इतना मत चिल्लाओ। आज तक जितनी दवाइयाँ आई हैं, कोई भी तुमने पूरी तरह देने दी है? शुरू से ही दवाई ठीक तरह होती तो हालत यहाँ तक न पहुँचती।

जानकी : मैं ही उसकी दुश्मन हूँ न? सौतेले भाई की चिन्ता है, और जिसने पैदा किया है, उसे नहीं! देखती हूँ बहुत बढ़कर बातें करने लगे हो।

[विनोद तिरस्कारपूर्ण दृष्टि से जानकी देवी की ओर देखता है। विजयशंकर चुपचाप खिन्न से बाहर की ओर चल देते हैं। जानकी देवी भी पीछे-पीछे दालान में आ जाती हैं।]

जानकी : जरा सुनोगे?

विजय : *(घूमकर)* क्या है?

जानकी : मैं कहती हूँ इन वैद्यों-हकीमों के सिर पर कब तक चलेगा?

विजय : समझ में नहीं आता कि तुम क्या चाहती हो। *(ठंडी साँस भरकर)* डॉक्टर पर अन्तिम भरोसा था।

जानकी : *(चमककर)* अन्तिम भरोसा?

विजय : हाँ! वैद्यजी आशा छोड़ गए हैं। *(उमड़ते हुए आँसुओं को रोकते हुए)* वह तो कहते थे कि बारह घंटे भी... *(आवाज रुक जाती है।)*

जानकी : *(विह्वल उत्तेजना के साथ)* बारह घंटे! कहते हुए शर्म नहीं आती?...उसे हुआ क्या है? ऐसी अपशगुन की बात सौतेले भाई के सिवाय कौन मुँह से निकाले?

विजय : बस चुप रहो। सौतेला भाई तो हूँ, पर तुम्हारे जैसा कलेजा नहीं है। यदि जान देकर भी उसे बचा सकता...

[बाहर पैरों की आवाज सुनाई देती है। वही स्त्री एक काले से व्यक्ति को साथ लिए आती है, जो फटे कपड़ों में भी अकड़कर चलता है। जानकी देवी अभिवादन करती हैं। विजयशंकर गम्भीर अर्थपूर्ण दृष्टि से जानकी देवी की ओर देखते हैं। वह उपेक्षा करके, उन दोनों को रोगी के कमरे में ले जाती हैं। विनोद आश्चर्य से उन सबकी ओर देखता है। रोगी कराहता है। डूम रोगी के निकट ही बैठ जाता है। विजयशंकर भी खिन्न से वहीं आ जाते हैं। डूम आँखें बन्द करके हाथ हवा में हिलाता है, फिर कुछ बड़बड़ाकर आँखें खोलता है। वह स्त्री और जानकी देवी श्रद्धापूर्ण दृष्टि से उसकी ओर देखती रहती हैं।]

डूम : *(कृत्रिम गम्भीरता से)* खुदा के घर से दूत चल चुके हैं, भाई!

विजय : *(उतावले आवेश के साथ)* आपने जो कुछ कहना हो बाहर चलकर कहें।

[जानकी देवी क्रोध से विजयशंकर को घूरती हैं। डूम चुपचाप दालान में आ जाता है, साथ ही वह स्त्री, जानकी देवी और विजयशंकर।]

जानकी : *(माथे से पसीना पोंछते हुए)* आप इसकी जान बचा दें। मैं जो कहोगे, दूँगी।

डूम : हम ऐसा उपाय कर सकते हैं जिससे खुदा के दूत खुद ही रास्ते में मर जाएँ।

जानकी : आप जरा बाहर आ जाएँ। *(विजयशंकर से)* तुम उसके पास बैठो।

[विजयशंकर वहीं खड़े रहते हैं। डूम स्त्री और जानकी देवी बाहर चले जाते हैं। विजयशंकर एक ठंडी साँस लेकर अन्दर रोगी के पास आ जाते हैं।]

विजय : उठो विनोद बेटा! अब मैं जरा पाँव दबाऊँगा।

विनोद : नहीं...नहीं...आप...

विजय : कोई बात नहीं। विपत्ति के समय कोई डर नहीं होता।

[बाँह पकड़कर विनोद को उठा देते हैं, और स्वयं पाँव दबाने लगते हैं। जानकी देवी फिर अन्दर आ जाती हैं।]

जानकी : उसे रजाई से अच्छी तरह ढक दो।

विनोद : यह कैसे हो सकता है? डॉक्टर ने तो कहा था...

जानकी : मैं जो कह रही हूँ, वह करो। आज तक तुम सब अपनी मर्जी से सब कुछ करते रहे, अब मैं अपनी मर्जी से करूँगी जो डॉक्टरों से पन्द्रह दिन में न हो सका, वह अब मिनटों में हो जाएगा।

[रजाई खोलने लगती हैं। रोगी कराहता है, पर कराहट में अब तीव्रता नहीं। शीला धीरे-धीरे आकर चुपचाप एक कोने में खड़ी हो जाती है।]

विजय : *(रोगी के पैरों को, फिर हाथों को छूकर देखते हुए)* बुखार तो बिल्कुल उतरता-सा मालूम होता है।

शीला : *(घबराई हुई आवाज में)* माँजी! यह उनकी आँखों को क्या होता जा रहा है?

[सब चौंककर देखते हैं। रोगी की आँखें चढ़ती जा रही हैं। हाथ-पैर निश्चेष्ट होते जा रहे हैं।]

विनोद : *(ऊँचे स्वर में)* बाबूजी! बाबूजी!!

विजय : *(हिलाने की चेष्टा करते हुए)* दयाशंकर! दयाशंकर!!

विनोद : *(रोकर)* यह बाबूजी को क्या हो रहा है?

जानकी : *(माथे पर हाथ मारकर)* जो तुम लोगों ने किया है।...आखिर उसकी जान ले ही ली!

[जोर से रोने लगती हैं। शीला आँखें फाड़कर सबको देखती है। विजयशंकर रोगी को पलंग से नीचे उतारने लगते हैं।]

विजय : *(रोती हुई आवाज में)* बेटा विनोद! *(विनोद चीख उठता है।)*

[पर्दा गिरता है।]

मिट्टी का मानव

पात्र

सीता : पैंतीस वर्ष की सम्भ्रान्त महिला
शारदा : सीता की छोटी बहन, जो अभी विधवा हुई है
लल्लू : सीता का पाँच वर्ष का लड़का
चानन : सीता का नौकर
विनायक : शारदा का लड़का, आयु लगभग पन्द्रह वर्ष
शान्ति : सीता की छोटी नौकरानी
जानकी : एक पड़ोसिन
हरदेव : सीता का पति

[पर्दा उठने पर एक आधुनिक ढंग से सजा हुआ कमरा दिखाई देता है। बाईं ओर की दीवार के कोने में एक छोटा दरवाजा है जो अन्दर की ओर खुलता है।]

[कमरा खाली है। बाईं ओर के दरवाजे से सीता शारदा के साथ प्रवेश करती है। सीता की वेशभूषा यदि भड़कीली नहीं तो सादा भी नहीं, शारदा उससे दो-एक वर्ष छोटी है। वह खादी की सफेद साड़ी पहने है। चेहरा और बाल बिल्कुल रूखे हैं।]

सीता : *(एक हाथ शारदा के कन्धे पर रखे, दूसरे हाथ से उसका मुँह अपनी ओर करती हुई)* तू दिन-रात रोया करती है शारदा! एक ही महीने में तेरी कुन्दन-सी देह आधी हो गई। लाल आँखें, पीला चेहरा, रूखे बाल, तू कुछ तो अपना खयाल कर।

[शारदा एक ठंडी साँस लेती है। उसकी आँखों में पानी भर आता है।]

शारदा : अपने को बहुतेरा समझाती हूँ दीदी! आँसू आँखों में ही सुखाने की चेष्टा करती हूँ। जितना हो सके, मन को रोकती हूँ पर वश नहीं चलता। पता नहीं, कभी-क्या हो जाता है?

[शारदा कुर्सी पर बैठने लगती है।]

सीता : उधर बैठ पंखे के नीचे। यहाँ हवा नहीं आएगी। *(उसे सोफे पर बिठाकर पास ही आप भी बैठती है।)* चानन!

[चानन अन्दर से उत्तर देता है :]

चानन : बीबीजी!

सीता : दो गिलास ठंडा पानी ला। *(शारदा से)* तू इस तरह क्यों बैठी है? आराम से बैठ। *(अपने बालों को ठीक करती हुई)* मैं रात को उनसे...*(रुककर)* हाय, मेरा हेयर पिन! *(गोदी में देखकर)* यह रहा, यहाँ। *(हेयर पिन लगाती हुई)* मैं रात को उनसे तेरी ही बात कर रही थी...

[चानन पानी के दो गिलास लेकर आता है। उसे देखकर।]

: क्यों, चाँदी के गिलास नहीं थे? तुझे समझ किस दिन आएगी?

[चानन चुपचाप लौट जाता है।]

शारदा : मुझे तो प्यास नहीं है दीदी!

सीता : होंठ तेरे सूख रहे हैं, और कहती है, प्यास नहीं। मैं तो तुझे देख-देखकर हैरान होती हूँ...

[चानन चाँदी के गिलासों में पानी लाता है।]

सीता : *(एक गिलास शारदा को देकर तथा दूसरा गिलास स्वयं लेकर)* केवड़ा डाला है?

चानन : बीबीजी, याद नहीं रहा।

सीता : अपने लिए याद रहता है, हम लोगों के लिए याद नहीं रहता? जा, जलपान का सामान ठीक कर। वे अभी आनेवाले हैं।

[चानन अन्दर चला जाता है।]

शारदा : *(केवल दो घूँट पीकर)* खाते-पीते दिल उमड़ आता है। बार-बार यही मन होता है कि क्यों नहीं मैं भी उनके साथ ही चली गई!

[आँखों में पानी भर आता है।]

सीता : पगली, यह दुख रोकर दूर हो जाता तो दुनिया रो-रोकर धरती को सागर में मिला देती।

[शारदा एक ठंडी साँस लेकर छत की ओर देखने लगती है।]

सीता : रोने से कुछ नहीं बनता। तू अपना नहीं तो बच्चों का तो ध्यान कर। उन्हें सँभालनेवाला कौन है?

शारदा : दीदी, बच्चों का ध्यान न होता तो ये प्राण क्या अटके रहते? सोचती हूँ, इस जीवन का भार ढो-ढोकर अब मुझे शान्ति कहाँ मिलेगी! *(फिर आँखें भर लेती है।)*

सीता : तेरे धीरज रखने से उनकी आत्मा को तो स्वर्ग में शान्ति मिलेगी। मैं तुझे क्या समझाऊँ? तू तो आप गीता पढ़ती है।

शारदा : अब तो गीता भी नहीं पढ़ी जाती। उनके कमरे में जाती हूँ तो डर लगता है। वहाँ जैसे कोई मेरा गला दबाकर कहता है—मर, मर, तू मरती क्यों नहीं?

सीता : बच्चों के सामने भी तू ऐसी ही बातें किया करती है? जानती है, उन पर इसका क्या प्रभाव पड़ता होगा?

शारदा : क्या करूँ दीदी! विनायक है कि पिता के बाद से पहचाना भी नहीं जाता। बिना बात के किसी-न-किसी बहाने से रोने लगता है। उसका दिल बहुत हलका पड़ गया है।

[लल्लू एक लकड़ी की मोटर के पहियों को हाथ से घुमाता हुआ बाहर के दरवाजे से अन्दर आता है।]

लल्लू : बुर्र-बू-बुर्र!

सीता : तू विनायक को समझाया कर। यह जीवन कभी किसी का रहा भी है? चार दिन की मोह-ममता, फिर मिट्टी की मिट्टी।

लल्लू : *(पास आकर)* ममी, मेरी मोतल चलती बी है, बोलती बी है। *(मोटर के पहिए घुमाकर)* बुर्र-बुर्र!

सीता : इधर आ, मौछी को जय कर। अच्छा बता, तेरी मोटर में कौन बैठेगा?

लल्लू : मैं औल मेली मेम।

सीता : *(मुस्कुराकर)* बिन्नो कहाँ गई?

लल्लू : छछुलाल।

सीता : *(शारदा से)* उसके कॉलेज को ससुराल कहता है। वह होती है, तो बहुत चिढ़ती है।

[शारदा लल्लू को बाँह से पकड़कर अपनी ओर खींचना चाहती है। वह बाँह छुड़ाकर अपनी माँ की गोदी में सिर डाल लेता है।]

लल्लू : *(माँ के गले में बाँहें डालकर)* दो आने दे!

[सीता उसका मुँह चूमकर दो आने उसके हाथ में दे देती है।]

सीता : ले, पर खाएगा क्या?

लल्लू : *(बाहर जाते हुए)* आदमी लूँगा, मिट्टी की छिपाई।

सीता : आगे इतने खिलौने हैं, घोड़ा, हाथी, सर्कस। फिर सिपाही क्या करेगा?

लल्लू : छलकछ पल पैला देगा।

सीता : *(शारदा से)* बड़ी बातें करता है। *(लल्लू से)* बाहर ही खेलना। सड़क पर धूल-मिट्टी होगी, वहाँ मत जाना।

[लल्लू 'बुर्र-बू-बुर्र' करता हुआ निकल जाता है।]

सीता : *(शारदा से)* विनायक अभी बच्चा है। बच्चों के दिल में शोक बैठ जाए, तो देर तक नहीं जाता।

शारदा : उसे देख-देखकर तो मेरा दिल और भी गिर जाता है। सोचती हूँ, इस बेचारे ने क्या अपराध किया था जो पन्द्रहवें बरस में ही पिता की छाया सिर से उठ गई?

सीता : यह समय दिल पर पत्थर रखने का है, शारदा! उनकी बातों की तू अब याद मत किया कर।

शारदा : *(ठंडी साँस लेकर)* याद न करने से कुछ नहीं भूलता दीदी! रानी का सिन्दूर पुँछ गया था, तो मैं उसे दिन-रात दिलासा दिया करती थी। आज अपने पर पड़ी है तो ज्ञान-विवेक कुछ नहीं सूझता।

सीता : यही तो हम लोगों की भूल है। देह मिट्टी है पर उसे मिट्टी नहीं समझते। अन्त में जब स्वयं मिट्टी में मिल जाते हैं, तब हमें पता नहीं रहता। *(कुछ रुककर)* विनायक ने इस साल मैट्रिक कर लिया है न?

[अन्दर का दरवाजा खुलता है। चानन अन्दर से झाँकता है।]

चानन : बीबीजी!

सीता : क्या है?

चानन : जी, ग्वालन दूध आज अच्छा नहीं दे गई।

सीता : क्या बात है?

चानन : दूध कड़ाही में चढ़ाया है, उस पर कुछ मिट्टी तैर रही है।

सीता : *(क्रोध से)* तो दूध लेते समय अन्धा हो गया था? आँख मूँदकर दूध ले लिया और अब कहता है, मिट्टी तैर रही है! वे दफ्तर से आकर क्या पिएँगे?

चानन : बीबीजी, आगे तो हर रोज दूध अच्छा होता था।

सीता : इसलिए आज तुझे मिट्टी दिखाई नहीं दी? जा, उनके लिए हलवाई की दुकान से और दूध ले आ।

[चानन अन्दर चला जाता है।]

सीता : नौकर तो आजकल आँखों में धूल झोंकना जानते हैं। मालिक के पैसों को कुछ समझते ही नहीं। *(कुछ रुककर)* विनायक ने मैट्रिक कर लिया है न?

शारदा : परीक्षा दे चुका है। परिणाम अभी नहीं निकला।

सीता : मैं उनसे आज कहूँगी कि इसे कहीं न कहीं कोई नौकरी दिला दें।

शारदा : दीदी, मुझे तो अब तुम्हारा ही भरोसा है।

सीता : वैसे कोई बड़ी बात नहीं। इनके अपने ही दफ्तर में क्लर्कों की जगह निकलती ही रहती है। कई-कई सिफारिशवाले आते हैं। तू विनायक को साथ नहीं लाई?

शारदा : कह-कहकर लाई हूँ। रास्ते में कोई उनकी पहचानवाले मिल गए। उन्हीं की बातें करने लगा। मैं आगे आ गई हूँ, वह पीछे आता होगा।

सीता : *(व्यग्रता से)* यह नौकर गया है तो जल्दी थोड़े ही आएगा? उनके आने का समय हो रहा है। *(उठती हुई)* मैं जरा देखूँ कि जलपान का सामान रख गया है या नहीं।

[उठकर अन्दर चली जाती है। शारदा चुपचाप छत की ओर देखने लगती है। तभी विनायक गोरा और दुबला-पतला बाहर के दरवाजे से झाँकता है।]

विनायक : माँ!

शारदा : विनायक! आ जा बेटा अन्दर!

[विनायक आकर चुपके से माँ के पास बैठ जाता है।]

शारदा : कौन मिला था?

विनायक : स्कूल के हेडमास्टर साहब थे।

शारदा : क्या कहते थे?

विनायक : कुछ नहीं, यूँ ही।

शारदा : *(उसके सिर पर हाथ फेरकर)* बाबूजी की बात करते थे? *(विनायक की आँखें भर आती हैं। वह किसी तरह आवेग को रोकता है।)*

विनायक : *(सिर हिलाकर)* हाँ।

शारदा : और भी कोई बात की?

विनायक : नहीं।

[शारदा चुपचाप विनायक के सिर पर हाथ फेरती है। सीता अन्दर से आती है।]

सीता : *(विनायक को देखकर)* आ गया बेटा? कैसा हालचाल है?

[विनायक उत्तर न देकर हाथ जोड़ देता है।]

शारदा : *(प्यार से)* मौसी ने क्या पूछा है? उत्तर तो दे।

विनायक : *(धीमे स्वर में)* जी, अच्छा हूँ।

[फिर अपना होंठ काटकर सिर झुका लेता है।]

सीता : बहुत सीधा लड़का है। जब से पैदा हुआ है, मेरे घर अधिक से अधिक दस बार आया होगा। और बच्चे तो माँ के और मौसी के घर में कोई भेद नहीं समझते।

[विनायक का सिर और भी झुक जाता है।]

सीता : चानन अब गया है तो वहीं बैठा रहेगा। शान्ति! शान्ति!

[शान्ति अन्दर से आती है।]

शान्ति : बीबीजी!

सीता : अन्दर से बड़ी प्लेट में खाने को मठरी और मिठाई रख ला। *(कुछ रुककर)* और देख, गरम हो गया हो तो दूध भी चीनी मिलाकर चाँदी के गिलास में ले आ।

शारदा : रहने दो न दीदी, इसकी भला क्या आवश्यकता है?

सीता : तू मत बोल। विनायक मेरा भी तो बेटा है। *(शान्ति से)* जा जल्दी ला। और सुन, बाहर लल्लू खेल रहा होगा। पहले उसे अन्दर भेज दे।

[शान्ति बाहर जाने लगती है। उसका पैर मेज से टकरा जाता है। मेज पर पड़ा फूलदान हिल जाता है।]

सीता : अन्धी हो रही है? अभी गिरकर टूट जाता तो पाँच रुपये मिट्टी में मिल जाते *(जरा और तीखे स्वर में)* अब मेरी ओर क्या देख रही है? जा, काम कर।

[शान्ति चुपचाप बाहर चली जाती है।]

शारदा : देखो दीदी, अभी घर से दूध पीकर ही चला था।

विनायक : *(संकोच के साथ)* मुझे और भूख नहीं है।

सीता : भूख लग आएगी। तेरी उम्र के लड़कों को तो सारा दिन भूख रहती है। माँ रोज दूध पिलाती है, एक दिन मौसी के हाथ से भी पी ले।

[शारदा कुछ कहना चाहती है पर सीता बीच में ही बोल पड़ती है।]

सीता : तुझे कहा न, तू मत बोल! *(विनायक से)* मेरे पास आ बेटा!

[विनायक थोड़ा निकट होकर बैठता है।]

सीता : *(उसे ध्यान से देखकर)* तूने कमीज इतनी मैली क्यों पहन रखी है।

[विनायक का सिर झुक जाता है।]

शारदा : *(फीकी पड़कर)* मैंने तो कहा था कपड़े बदल ले। पर जल्दी में जैसे बैठा था, वैसे ही चला आया।

सीता : *(सहानुभूतिपूर्वक)* यह ठीक नहीं। मैले कपड़ों में जो धूल-मिट्टी होती है, वह पसीने के साथ शरीर के अन्दर चली जाती है। मिट्टी से शरीर को सदा बचाना चाहिए। मैं तो लल्लू के कपड़े दिन में कई-कई बार बदलती हूँ।

[शान्ति वापस आती है।]

शान्ति : बीबीजी, लल्लू बाहर तो नहीं है।

सीता : बाहर कैसे नहीं है? अभी-अभी तो यहाँ से गया है। देख इधर-उधर कहीं खेल रहा होगा।

शान्ति : जी, मैंने चारों तरफ देखा है। वह बाहर नहीं है।

सीता : *(कुछ क्रोध से)* काम से कितना बचती है! तुझे यहाँ रखा

किसके लिए है? चल, मैं तेरे साथ चलूँ। दिखाऊँ बाहर है या नहीं।

[सीता उठकर बाहर चली जाती है। शान्ति भी सहमी हुई पीछे-पीछे जाती है।]

विनायक : *(अवकाश पाकर)* माँ, मैं यहाँ कुछ नहीं खाऊँगा।

शारदा : *(बढ़ावा देकर)* थोड़ा-बहुत खा लेना, नहीं तो वे बुरा मान जाएँगी।

विनायक : पर मुझसे कुछ भी खाया नहीं जाएगा।

शारदा : ऐसे कहना ठीक नहीं। कुछ तो तुझे खाना ही चाहिए। तेरे आने से पहले वे तेरी नौकरी की बात कर रही थीं। *(कुछ रुककर)* दूध चाहे...चल पी लेना थोड़ा-सा दूध भी।

[कुछ देर निस्तब्धता रहती है। फिर सीता घबराई हुई बाहर से आती है! शान्ति भी पीछे-पीछे आती है।]

सीता : लल्लू इधर तो नहीं आया?

शारदा : नहीं तो। वहाँ बाहर नहीं है क्या?

सीता : बाहर वह इधर-उधर कहीं नहीं है। *(पुकारकर)* चानन! चानन!!

शान्ति : बीबीजी, चानन दूध लाने गया है।

सीता : अब गया है तो वापस थोड़े ही आएगा? हे भगवान!

शारदा : घबराओ नहीं दीदी! लल्लू अभी आ जाएगा।

सीता : शान्ति!

[शान्ति सामने आती है।]

सीता : चुपचाप क्यों खड़ी है? नीली कोठी में जाकर पूछ। शायद वहाँ चला गया हो; उनके बच्चों के साथ खेल रहा हो।

[शान्ति शीघ्रता से बाहर जाती है।]

शारदा : आगे भी कहीं खेलने चला जाता है?

सीता : कहीं भी नहीं जाता। अपनी कोठी के बाहर ही खेला करता है। सड़कों पर धूल-मिट्टी बहुत होती है, इसलिए मैं जाने नहीं देती।

[चानन दूध का गिलास उठाए आता है।]

सीता : तूने उसे देखा है?

चानन : किसे बीबीजी?

सीता : लल्लू नहीं मिल रहा! जल्दी से बाग में इधर-उधर दौड़कर देख।

चानन : दूध अन्दर रख दूँ?

सीता : दूध यहीं रख दे। जल्दी जा! जैसे भी हो, उसे ढूँढ़कर ला।

[चानन गिलास मेज पर रखकर बाहर जाता है। सीता टेबल पर कुहनियाँ रखकर कुर्सी पर बैठ जाती है। फिर उठकर घबराहट में इधर-उधर टहलती है। फिर दरवाजे की ओर देखने लगती है।]

सीता : *(अपने आप)* अभी तक नहीं आई, जैसे कोस भर गई हो।

शारदा : नीली कोठी किधर है, दीदी? विनायक जाकर देख आता है।

[विनायक माँ की बात सुनकर उठने की मुद्रा बनाता है।]

सीता : कोठी तो पास ही है, पर वह गई जो है। अब रानियों की चाल चलती आएगी।

[फिर कुर्सी पर बैठ जाती है! शान्ति हाँफती हुई आती है।]

शान्ति : लल्लू वहाँ नहीं है, बीबीजी! वह उधर नहीं गया। उनके सब बच्चे घर में हैं। उनमें से किसी ने लल्लू को नहीं देखा।

[सीता देवी का चेहरा उतर जाता है।]

सीता : *(बहुत उद्विग्न होकर)* तो फिर वह चला कहाँ गया? हे भगवान! *(आँखों में पानी भर आता है।)*

शारदा : दीदी, मन क्यों भरती हो? बच्चा जाएगा कहाँ? देख लेना अभी चानन के साथ आ जाएगा।

सीता : चानन भी नहीं आया। शान्ति, देख चानन किधर गया है?

[शान्ति बाहर के दरवाजे तक जाकर फिर वापस आती है।]

शान्ति : चानन आ रहा है।

सीता : लल्लू साथ है?

शान्ति : लल्लू तो नहीं है बीबीजी!

सीता : लल्लू नहीं है?

[स्वयं दरवाजे के पास जाकर देखती है। फिर बदहवास

होकर कुर्सी पर बैठ जाती है।]

शारदा : दीदी, क्यों ऐसी हो रही हो?

[चानन अन्दर आता है।]

चानन : बीबीजी, इधर-उधर के सब प्लाटों में देख आया हूँ। वह बाग में कहीं नहीं है। माली ने भी उसे नहीं देखा।

[सीता का चेहरा काला पड़ जाता है।]

सीता : *(रुँधे गले से)* तू कहीं से पता लगा, चानन! तुझे इनाम मिलेगा। एक बार फिर देखकर आ।

[चानन सिर झुकाए फिर जाता है। पड़ोसिन जानकी आती है।]

जानकी : क्यों सीता बहन, लल्लू का कुछ पता चला? शान्ति ढूँढ़ती फिर रही थी।

सीता : वह कहीं नहीं मिल रहा बहन! मैं क्या करूँ? वे भी अभी दफ्तर से नहीं आए। मैं और किसे भेजूँ?

जानकी : इतना नहीं घबराओ। मैं जाकर अपने नौकर को सेवा-समिति में सूचना देने भेजती हूँ। इस तरह दिल हलका करने से काम नहीं चलता। *(जाती हुई)* अगर अभी आ जाए तो पता भेजना।

[चली जाती है। चानन आता है।]

शारदा : *(चानन से)* कुछ पता चला?

[चानन चुप रहता है।]

सीता : बोलता क्यों नहीं? कहीं पता चला?

चानन : जी, नहीं।

सीता : *(रूमाल में आँखें छिपाकर)* शारदा! शारदा! अब क्या होगा?

शारदा : *(उसके कन्धे पर हाथ रखकर)* ऐसे मत करो दीदी! जीजाजी आकर झटपट उसका पता निकाल लेंगे।

सीता : *(रूमाल हटाकर)* शारदा, मैं लल्लू के बिना पल-भर भी नहीं जी सकती...मैं...*(गला रुँध जाता है।)*

शारदा : *(बाहर की ओर देखकर)* जीजाजी आ गए।

[हरदेव फलों का बड़ा-सा लिफाफा लिए प्रवेश करता है।

शारदा पीछे हट जाती है। सीता उठकर खड़ी हो जाती है।]

सीता : *(एकदम)* आपने सुना है?

हरदेव : क्या बात है? तुम्हें हो क्या गया है? इतनी बदहवास क्यों हो?

[लिफाफा मेज पर रखकर कोट उतारने लगता है।]

शारदा : लल्लू बाहर खेलने गया था, पर न जाने किस तरफ चला गया? हम सब उसी के लिए घबरा रहे हैं।

हरदेव : बस, इतनी-सी बात है?

सीता : *(आँखों में पानी भरकर)* इतनी-सी बात नहीं है। उसका कहीं पता नहीं चल रहा। वह कहीं नहीं मिल रहा।

[कहते-कहते गला फिर रुँध जाता है। मुँह से और शब्द नहीं निकलते।]

हरदेव : पर लल्लू तो बाहर सड़क पर मिट्टी के खिलौने के साथ खेल रहा था। मैं ही उसे अपनी साइकिल पर बिठाकर जरा फल लाने चला गया था।

सीता : सच?

[आँखों में चमक आ जाती है। उसी समय लल्लू, सिर से पैर तक धूल में लथपथ, एक हाथ में आम और दूसरे में मिट्टी का सिपाही पकड़े अन्दर आता है।]

सीता : *(झपटकर)* मेरा लल्लू!

[उसे उठा लेती है और छाती से चिपकाकर बार-बार उसका मुँह चूमती है। झटका लगने से लल्लू के हाथ से मिट्टी का सिपाही गिरकर टूट जाता है। लल्लू सिपाही की ओर बाँह फैलाकर रोता है।]

लल्लू : *(मचलता हुआ)* मेला छिपाई, मेला मिट्टी का छिपाई...*(माँ की बाँहों से निकलकर, जमीन पर औंधा लेट जाता है और चीखता है :)*
ऊँ, ऊँ, ऊँ! मेला मिट्टी का छिपाई! मेला मिट्टी का छिपाई!

[पर्दा गिरता है।]

खालिस और नाखालिस

पात्र

बाबू महेश चंद : निम्न मध्यवर्ग से जरा ऊपर की सतह को छूता हुआ आदमी है जिसे अविश्वास और सन्देहशीलता अपने वर्ग से विरासत में मिली है। कद छोटा और शरीर कुछ भारीपन लिए है। मूँछों के आधे बाल सफेद हैं। वह सस्ते-से कपड़े का जो नाइट सूट पहने है, वह लगता है कि कई धुलाइयाँ खा चुका है।

लीला : एक अच्छी पत्नी की तरह अपने पति की प्रकृति के सभी गुणों को ग्रहण किए हुए है। उसके चरित्र की अपनी विशेषता है भीरुता। उसके सिर का कोई-कोई बाल सफेद हो चुका है परन्तु सफेद धोती और पीले ब्लाउज में वह अब भी देखने में अच्छी लगती है। बात करते हुए लगता है जैसे उसकी साँस फूल रही हो।

राजेश : बाबू महेश चंद का छोटा भाई अभी तक अपने वर्ग-धर्म में दीक्षित नहीं हुआ। कुर्ते-पाजामे में भी वह चुस्त ढंग से चलता-फिरता है और विश्वस्त और निश्चिन्त ढंग से बात करता है। मसें भीग आई हैं और आगे की आधी लटें माथे पर पड़ी रहती हैं।

फतहसिंह : लम्बा-ऊँचा जाट युवक है। चेहरे पर छोटी-छोटी दाढ़ी है और आँखें बहुत बड़ी-बड़ी हैं। रंग साँवला और माथे पर एकाध चोट का निशान है। वह रंगीन लुंगी के साथ घुटनों से नीचे तक की कमीज पहने। गले में काले डोरे का तावीज है और पगड़ी को ताजा कलफ लगा है।

मंच

[नए बने हुए घर का एक कमरा। दीवारों पर पलस्तर हुआ है पर अभी सफेदी नहीं हुई। सामने की दीवार में एक अलमारी है जिस पर रोगन नहीं

हुआ। एक दरवाजा सामने की दीवार के बाएँ कोने में है जो बरामदे में खुलता है। एक दरवाजा बाईं ओर की दीवार में है जो साथ के कमरे में खुलता है। दोनों दरवाजों के आगे छींट के पर्दे लटक रहे हैं। एक चारपाई सामने की दीवार के साथ सटाकर बिछाई गई है। चारपाई के पास ही छोटी-सी तिपाई पर एक टाइमपीस और किताबों का शेल्फ रखा है। चारपाई के बाईं ओर तीन आरामकुर्सियाँ और एक गोल मेज पड़ी है। बाईं दीवार के साथ एक जरा बड़ी मेज रखी है जिस पर स्टोव और चाय बनाने का सामान पड़ा है। अलमारी के साथ की खूँटी पर कई कपड़े बेतरतीब लटक रहे हैं।]

[समय : सर्दी की एक रात। पर्दा उठने पर राजेश रजाई ओढ़े चारपाई पर लेटा हुआ एक पुस्तक पढ़ने में व्यस्त दिखाई देता है। सहसा साथ के कमरे से बड़े-से चीनी के बरतन के टूटकर गिरने की आवाज सुनाई देती है। राजेश चौंककर सीधा हो जाता है।]

राजेश : अरे!

[बरामदे के दरवाजे से महेश चंद और लीला कम्बलों में लिपटे हुए दबे पाँव अन्दर आते हैं। महेश चंद आँख के संकेत से पूछते हैं कि माजरा क्या है। राजेश मुँह बनाता है कि जाने क्या माजरा है। महेश चंद उसके पास चारपाई पर बैठ जाते हैं। लीला कुर्सी की बाँह पकड़े खड़ी रहती है। कुछ क्षण वे उत्सुक और आशंकित-से रहते हैं कि शायद फिर कोई शब्द सुनाई दे। लीला महेश चंद का कन्धा हिलाती है। उसका स्वर ऐसा है जैसे बहुत बड़े बोझ के नीचे दबी हो।]

लीला : सुन रहे हैं?

[महेश चंद सिर हिलाते हैं।]

महेश : नहीं।

लीला : नहीं? हलकी-हलकी आहट सुनाई नहीं दे रही? क्यों राजेश?

राजेश : मुझ लगता है भाभी कि हवा से कोई कागज उड़ रहा है। या शायद कोई चूहा...।

लीला : जरा ध्यान से सुनो। मुझे तो ऐसे लगता है जैसे कोई बहुत धीमे कदमों से चल रहा हो, पंजों के बल।

[कुछ क्षण सब लोग आहट की प्रतीक्षा करते हैं।]

राजेश : कोई आहट नहीं है भाभी। सिर्फ तुम्हारा वहम है।

[लीला महेश चंद के साथ सटकर चारपाई पर बैठ जाती है।]

लीला : मुझे तो डर लग रहा है।

[महेश चंद उसे कन्धे से पकड़े हुए जैसे चाबुक मारकर अपने पुरुषत्व को जगाते हैं।]

महेश : खैर, डरने की तो कोई बात नहीं। हम लोग तीन हैं और वह अकेला है।

लीला : वह अकेला ही हम तीनों के लिए काफी है। देखा है, कैसा दैत्य जैसा उसका शरीर है!

राजेश : भाभी, तुम खामखाह डर रही हो। वह बेचारा गहरी नींद सो रहा होगा।

महेश : तुम क्यों न कहोगे! इस समय तो खैर यह विश्वास रखना ही अच्छा है कि वह सचमुच सो रहा है।

लीला : सुनो। ऐसे आवाज नहीं आ रही जैसे कोई कैंची से कुछ काट रहा हो?

[महेश चंद क्षण-भर ध्यान देकर सुनते हैं।]

महेश : मुझे कुछ ऐसी आवाज लगती है जैसे कोई किसी चीज को धीरे-धीरे सरका रहा हो।

राजेश : लेकिन मुझे तो कोई आवाज सुनाई नहीं दे रही। आप लोग खामखाह...।

[सहसा फिर एक चीनी के बर्तन के गिरकर टूटने की आवाज सुनाई देती है। लीला महेश चंद से और सट जाती है। महेश चंद का पुरुषत्व फिर बैठ जाता है।]

: अच्छा, मैं उधर जाकर देखता हूँ।

लीला : उधर मत जाओ।

राजेश : कोई डर नहीं है भाभी। मैं देख लूँ तो तुम्हारे मन का वहम निकल जाएगा।

[रजाई उतारकर उठ पड़ता है और हाथों को आपस में मलकर गर्म करता हुआ अन्दर के दरवाजे की ओर जाता है।]

राकेश : आज पहली बार इतनी सर्दी पड़ रही है।

[दरवाजे से झाँककर देखता है और फिर उधर चला जाता है। लीला और महेश उत्सुकतापूर्वक उधर देखते रहते हैं।]

लीला : मैं कहती हूँ, राजेश को उधर नहीं जाने देना था।

महेश : मैंने उसे कहा है जाने के लिए?...ये जवान लड़के किसी की सुनते हैं?

[राजेश लौटकर आता है। वे दोनों जिज्ञासापूर्ण दृष्टि से उसकी ओर देखते हैं।]

राजेश : मैंने क्या कहा था? वह उधर के कमरे में गहरी नींद में सो रहा है। बीच के कमरे में कोई नहीं है।

लीला : कोई नहीं है? मगर वे चीनी के बर्तन...?

राजेश : दो मुरब्बेवाले मर्तबान टूट गए हैं।

लीला : मर्तबान कैसे टूट गए?

राजेश : किसी चूहे ने गिरा दिए होंगे।

लीला : चूहे ने इतने बड़े-बड़े मर्तबान गिरा दिए? मैंने अभी परसों ही सन्तरे और सेब का मुरब्बा डाला था। सारा बर्बाद हो गया होगा।

महेश : मगर घर में चूहे पहले भी थे। पहले कभी मर्तबान नहीं गिरे।

राजेश : यह ठीक है। मगर सोया हुआ आदमी तो मर्तबान नहीं गिरा सकता।

लीला : हो सकता है, उसने पैरों की आहट सुन ली हो; या हम लोगों की बातों की आवाज उसके कानों में पड़ गई हो!

महेश : इसे कहते हैं मुसीबत को घर बुलाकर रखना। अब सब लोग रात-भर यहाँ बैठकर पहरा दें।

[हवा के झोंके से बरामदे का किवाड़ चौखट से टकरा जाता है। फिर हवा की साँय-साँय सुनाई देती है।]

लीला : आज हवा भी कैसी मनहूस आवाज़ कर रही है! बाहर पेड़ों की डालियाँ इस तरह हिल रही हैं जैसे टूट ही जाएँगी। मैं कहती न थी कि पहले आसपास के कुछ और घर आबाद हो जाने

दो, फिर यहाँ आकर रहेंगे। अभी सड़क की बत्तियाँ भी नहीं लगीं। रात को बाहर कुत्ते रोते हैं तो दिल काँप जाता है।

महेश : अपना घर खाली छोड़कर किराए के मकान में पड़े रहते? उठो, चाय बना लो। जागना ही है तो किसी तरह समय तो कटे।

[राजेश कन्धे हिलाता है और कुर्सी पर लम्बा होकर गोल मेज पर टाँगें फैला देता है।]

राजेश : भाभी, चाय बनाओ तो एक प्याली मेरे लिए भी।

लीला : तुम्हारे लिए भी!...ईंटोंवाली सड़क पर रिक्शावाले का खून हुए अभी कितने दिन हुए हैं? उस दिन सेठी साहब के घर ही चोरी हो गई होती। यह कहो कि चोर उनका अपना ही रसोइया था और उन्हीं ने समय पर जागकर उसे पकड़ लिया। यहाँ उसे घर बुलाकर गद्दा-तकिया देकर सुला रखा है!

महेश : तुमसे कहा है, उठकर चाय बना लो। इसने तो अपनी समझदारी का सबूत दे ही दिया है। अब जैसे-तैसे रात तो कटे।

[लीला उठकर स्टोव के पास चली जाती है।]

लीला : और इसका वह देहाती घी! आजकल के बच्चों को भी इन बातों की समझ होती है।

[स्टोव जलाने लगती है।]

महेश : मेरा तो उसी समय माथा ठनका था।

[आक्रोशपूर्ण दृष्टि से राजेश की ओर देखता है।]

: तुम्हें इतना तो पता होना चाहिए कि देहात से लोग इस तरह पाँच-पाँच सेर घी बेचने के लिए यहाँ नहीं आते। आखिर पढ़े-लिखे हो, इस साल बी.ए. कर रहे हो।

राजेश : परन्तु मुझसे उसने कहा था कि वह गाँव से अपने एक मित्र से मिलने आया था और उसी के लिए घी लाया था। परन्तु उस आदमी की यहाँ से तब्दीली हो गई है। यह शहर में घूमना चाहता था और कुछ चीजें खरीदना चाहता था। मैंने

कहा, घर में घी की जरूरत पड़ती ही रहती है...।

लीला : इसलिए तुमने घी भी ले लिया और उसे रात को यहाँ आकर रहने का निमन्त्रण भी दे दिया!

राजेश : उसके पास ठहरने की और जगह नहीं थी...।

महेश : तो हमारा घर धरमसाला है कि जो भी आए ठहर जाए? उसके पास ठहरने की और जगह नहीं थी! ठहरने की जगह नहीं थी तो अपने गाँव क्यों नहीं चला गया? आजकल कौन किसी पराए आदमी को घर में रखता है? एक नावाकिफ देहाती जो सूरत-शक्ल से ही उचक्का लगता है और आपने उससे कह दिया कि और कहीं जगह नहीं तो हमारे घर में रह जाइए। जैसे घर नहीं, सराय है। लोग तो ऐसों को सराय में भी नहीं जगह देते।

लीला : जरा आहिस्ते बात कीजिए। क्या पता वह सुन रहा हो!

[स्टोव पर केतली रखकर वह उनके निकट आ जाती है। मैं कहे देती हूँ, मैं यह घी घर में किसी को नहीं खाने दूँगी। ये लोग कोई ऐसी-वैसी चीज मिलाकर भी तो दे जाते हैं।]

महेश : घी का डिब्बा कहाँ है? यहीं कहीं तो रखा था।

राजेश : मेरी चारपाई के नीचे है।

[महेश चंद उठकर चारपाई के नीचे से डिब्बा निकाल लेते हैं और खोलकर सूँघते हैं।]

महेश : इसे तुम घी कहते हो? घी की यह खुशबू होती है?

लीला : अच्छा नहीं है?

महेश : अच्छा? शुद्ध वनस्पति घी है। यहीं कहीं से उसने भर लिया होगा। और जाने वनस्पति में भी मिलावट हो। उस समय मैं घर पर होता तो उसे पहली सीढ़ी पर से ही लौटा देता। मगर साहब बहादुर ने अभी जमाना देखा नहीं है न!

राजेश : अभी उसे पूरे पैसे कहाँ दिए हैं? दस ही तो रुपए दिए हैं। आप दो सेर घी रखकर बाकी उसे लौटा दें।

[महेश चंद डिब्बा बन्द करके फर्श पर रख देते हैं।]

महेश : लौटा दें! जैसे बस इतनी ही बात है। जो मुसीबत न आनी

हो वह भी बुला लूँ। इस सुनसान अँधेरी रात में एक आवारा आदमी को घर बुलाकर रख लिया और अब उससे झगड़ा मोल ले लूँ। कह दूँ कि तुम जो घी दे गए हो वह असली घी नहीं है। जिससे न भी करना हो तो भी वह फसाद खड़ा कर दे। बस, यही एक अक्ल की बात बाकी रह गई है।

राजेश : तो जिस किसी तरह रात कट जाने दीजिए। वह कहता था कि उसे सुबह ही उठकर चले जाना है। ग्यारह बज चुके हैं। चार-पाँच घंटे की ही तो बात है।

[महेश चंद क्रोध में उसके पास की कुर्सी पर जा बैठते हैं।]

महेश : तुम्हारे ख्याल में चार-पाँच घंटे कुछ समय ही नहीं होता। चार-पाँच घंटे में क्या कुछ नहीं हो सकता? और होने के लिए तो दस मिनट, पाँच मिनट, दो मिनट काफी हैं। किसी आदमी के पास हथियार हो तो उसे कुछ भी करने के लिए कितना समय चाहिए?

राजेश : लेकिन उस बेचारे के पास तो कोई हथियार नहीं है। एक लाठी है जिसे आप...

महेश : वह बेचारा है और उसके पास कोई हथियार नहीं है। लाठी हथियार नहीं होता। अट्ठारह साल के हो चुके हो और उन्नीसवाँ तुम्हें चल रहा है। इतनी ही समझ तुम्हें आई है? मैं समझता था कि बड़े हो गए हो, कल से घर सँभाल सकते हो।

[लीला केतली स्टोव पर रखकर उनकी ओर आती है।]

लीला : एक बात कहूँ? अगर आप लोग मानें तो...।

[क्षण-भर चुप रहकर उन दोनों की ओर देखती है। फिर स्वर धीमा हो जाता है।]

: क्यों न उसे यह कहकर उठा दिया जाए कि सुबह हो गई है। आजकल तो पाँच बजे के बाद भी देर तक अँधेरा रहता है।

महेश : कैसे कह दिया जाए कि सुबह हो गई है। अभी ग्यारह बजे हैं और...।

लीला : आप उसे उठाने की बात तय कीजिए। ग्यारह के पाँच तो हो

सकते हैं...*(टाइमपीस उठाकर घड़ी की सुई घुमा देती है)* यह लीजिए। घड़ी की सुइयाँ तो पाँच बजा रही हैं। आगे जैसा आप लोग सोचें।

राजेश : झूठ-मूठ कहकर इस अँधेरी रात में एक आदमी को घर से निकाल दिया जाए? मैं तो इस बात से सहमत नहीं। अभी तुम्हीं कह रही थीं भाभी कि इस दिन ईंटोंवाली सड़क पर रिक्शावाले का खून हुआ है। हमारी जान जान है तो उसकी भी तो है...।

महेश : आज इस लड़के का दिमाग खराब हो गया है।

[उठकर टहलने लगता है।]

: इसे इसकी जान की चिन्ता है, अपनी और घरवालों की चिन्ता नहीं। वह यहाँ से दो-चार घंटे पहले चला जाए तो क्या है? रास्ता जितना सुनसान इस समय है उतना ही सुनसान पाँच बजे भी होगा।

[लीला के पास रुकता है।]

: चाय रखी ही है। मैं उससे कह दूँगा कि हम लोग सुबह की चाय पी रहे हैं, इसलिए तुम्हें भी उठा दिया है। ट्रंकों की चाबियाँ तुम्हारे पास हैं?

[लीला सिर हिलाती है।]

: मुझे दे दो। नहीं, अपने पास ही रखो।... और अच्छी तरह कम्बल ओढ़ लो, सर्दी है।... अच्छा, तो मैं जाकर उसे उठा दूँ?

[जैसे शहीद हो रहा हो, ऐसी दृष्टि से राजेश की ओर देखता है।]

: और तुम जरा होशियार होकर बैठो। इस तरह ढीले-ढाले होकर नहीं।

लीला : सुनिए।... आप मत जाइए।

महेश : बच्चों की-सी बातें मत करो। आखिर किसी को तो जाकर उसे उठाना होगा।

[फिर एक दृष्टि राजेश पर डालकर चला जाता है। लीला राजेश के निकट चली जाती है।]

लीला : मेरा दिल बहुत डर रहा है।

राजेश : और मुझे बहुत बुरा लग रहा है। आप लोग न जाने क्यों ऐसा कर रहे हैं! एक आदमी को रात के लिए रख ही लिया तो रात तो किसी तरह कट जाने दें। मैं देख भी आया हूँ कि वह सो रहा है, फिर भी आपको विश्वास नहीं। मैं तो कहता हूँ भाभी कि अब भी भैया को बुला लो। सुबह तक जैसे भी हो...

[दूसरे कमरे से फतह सिंह की आवाज सुनाई देने लगती है। महेश चंद और फतह सिंह साथ-साथ आते हैं। फतह सिंह पगड़ी बगल में लिए है और सिर पर बालों को लपेट रहा है।]

फतह : पता ही नहीं चला जी कि रात कैसे बीत गई। ऐसे लगा जैसे अभी झपकी आई ही थी। वैसे सर्दी की रात कितनी बड़ी होती है। मगर आदमी निश्चिन्त होकर सोए तो समय बीतते पता नहीं चलता।

[हाथ की लाठी एक ओर रख देता है और पगड़ी खोलकर बाँधने लगता है।]

महेश : हम लोग ऐसे ही उठ गए थे।...इनकी तबीयत कुछ ठीक नहीं इसलिए सुबह उठकर ये अपनी दवाई खाती हैं। मैंने कहा, आपको भी उठा दूँ।

फतह : आप न उठाते तो शायद मैं दिन चढ़े तक सोया रह जाता।

[पगड़ी ठीक से नहीं बँधती। उसे फिर से खोलकर बाँधने लगता है।]

: अब सूरज निकलते-निकलते घर पहुँच जाऊँगा।

महेश : चाय भी बन रही थी। मैंने कहा था, आप उठ जाएँ तो एक प्याली आप भी पी लेंगे।

फतह : चाय बनी है तो जरूर पिऊँगा जी। सर्दी में चाय से अच्छी क्या चीज है? अब तो गाँवों में भी लोग चाय ही चाय पीने

लगे हैं। मगर हमारे यहाँ चाय कैसे बनती है? पाव-भर दूध में पाव-भर चाय का पानी। फिर भी कहते हैं खुश्की करेगी इसलिए बीच में घी डाल देते हैं। मगर यहाँ तो मैंने देखा है कि लोग पानी-सा ही उठाकर पी जाते हैं। हमारे यहाँ घर का दूध-घी होता है। यहाँ लोगों को मोल लेना पड़ता है।

राजेश : आप सुबह जो घी लाए थे वह मैंने आपसे ले लिया था। मगर...

महेश : बात यह है कि घर में घी बहुत आया हुआ है इसलिए ये कह रही थीं कि अभी और घी की जरूरत नहीं है। मगर मैंने कहा कि अब ले लिया है तो रख ही लेंगे। काम तो आ ही जाएगा। आपको दस रुपए तो सुबह इसने दे ही दिए थे। और जितने बनते हों बता दीजिए।

फतह : घी आप रखिए। मैं घर से ताजा घी लाया था। आपकी दया से घर में चार भैंसें हैं। मैं घी तौलकर थोड़े ही लाया हूँ? अपने दोस्त के लिए लाया था मगर वह यहाँ से तब्दील हो गया है। मैंने सोचा, दो-चार घरों में पूछ लूँ शायद किसी को जरूरत हो। मैं साथ उठाए-उठाए कहाँ फिरूँगा? और हाथ में पैसे होंगे तो शहर में घूम भी लूँगा, साल-सवा साल के बाद इधर आया हूँ। सुबह भाई साहब से दस रुपए ले गया था। अभी उन्हीं में से दो रुपए बच रहे हैं।

महेश : तो ऐसा करते हैं कि इसमें से दो सेर घी हम रख लेते हैं, बाकी...।

फतह : वाहगुरु का नाम लो जी। दो सेर घी छोड़कर बाकी मैं साथ ले जाऊँगा? घी-मक्खन खाने-खिलाने की चीज है। हम लोग घी बेचते भी हैं, यह नहीं कि नहीं बेचते। मगर यह घी बेचने के लिए नहीं था। मुझे जितने पैसे चाहिए थे मैंने ले लिए थे। आठ रुपए भी मुझसे इसलिए खर्च हो गए कि मैंने अपनी मंगेतर...

रिहर्सल

पात्र

जयराम : कॉलेज थियेट्रिकल क्लब का सेक्रेटरी
जगदीश
केशव : कॉलेज द्वारा खेले जानेवाले नाटक 'अंजना' के अभिनेता
दयाल
सरला : जयराम की पत्नी
मुन्नी : जयराम की नन्हीं

[स्थान : जयराम का ड्राइंगरूम। समय : जून की दोपहर। न बहुत बड़ा, न बहुत छोटा कमरा। कमरे में बिछी हुई दरी, कुर्सियाँ, एक टेबल। दो-एक तस्वीरें। एक जापानी कैलेंडर। मेज पर एक टाइमपीस। एक टेबलफैन। एक दरवाजा सामने की दीवार में घर के अन्दर खुलने के लिए। दूसरा दरवाजा बाईं ओर, बाहर से आने के लिए।]

[पर्दा उठने पर दूर से मुँह की सीटी बजने की आवाज, जयराम सीटी बजाता हुआ बाईं ओर से आता है।]

जयराम : ओह! मार डाला इस गरमी ने। थियेट्रिकल क्लब का सेक्रेटरी बनना भी क्या आफत है।...*(टेबलफैन का प्लग लगाता है, पर पंखा नहीं चलता। निराश हो, कमीज पतलून से बाहर निकालकर उसी से हवा करने लगता है।)*...एक पिउन तक नहीं। लोगों को खबर देते-देते बारह बज गए।

[पीछे का दरवाजा 'खट्' से खोलकर सरला अन्दर आती है।]

सरला : आ गए जी! आज भी होटल में खा लिया होगा खाना?

जयराम : नहीं-नहीं, आज किसी दोस्त का जन्मदिन थोड़े ही था! बात यह थी कि...

सरला : अमुक की सगाई हुई थी। बहुत मना किया पर खिलाए बिना नहीं माने—यही या और कुछ?

जयराम : बाबा बिल्कुल भूखे पेट हूँ। तुम तो आज खूब गरम हो। हुआ क्या है?

सरला : हुआ क्या, दस बजे से इन्तजार करते-करते बारह बज गए, और खाना ठंडा हो गया सो अलग।

जयराम : कोई बात नहीं। तुम भी मिजाज जरा ठंडा करो। अब यह पंखा चलता नहीं, नहीं तो तुम्हें थोड़ी हवा दे देता।

सरला : बस बात ही करते हो। जिसे इस गरमी में चूल्हे के आगे बैठना पड़ता है, वह तो तुम्हारे जाने पशु है।

जयराम : कैसी बातें करती हो? तुम पशु हुईं तो मैं क्या हुआ, बोलो?...देखो आज बिजली चली गई, पंखा चलता नहीं, और अभी यहाँ होनी है रिहर्सल।

सरला : क्या होनी है?

जयराम : रिहर्सल, रिहर्सल! तुम नहीं समझतीं। तुम्हारे मतलब की बात भी नहीं। खाना लगाकर आवाज दो, दो कौर निगल लूँ। बारह बजे सब लोग आ जाएँगे।

सरला : क्या होगा, कौन आ जाएँगे, कुछ पता भी चले।

जयराम : कहा न, तुम्हारे मतलब की बात नहीं। अभी देखो...*(सीढ़ियों पर खट्-खट् की आवाज)* लो कोई आ भी गया। तुम अन्दर जाकर बैठो।

सरला : *(माथे पर बल डालकर)* और खाना?

जयराम : खाना अब धरा रहने दो। समय मिला तो देख लूँगा, जाओ।

[सरला मुँह लटकाकर अनमनी-सी अन्दर चली जाती है। जगदीश आता है—सफेद धोती और कुर्ते में।]

जयराम : हल्लो जगदीश *(हाथ मिलाते हुए)* समय के बहुत पाबन्द हो।

जगदीश : *(कुर्सी पर बैठते हुए)* मैं तो डर रहा था कि कहीं देर न हो गई।

जयराम : नहीं, अभी बारह बजने में पाँच मिनट हैं।

जगदीश : तुम्हारी बात बिल्कुल ठीक थी। कॉलेज में आज जलसे के कारण इतना शोर है कि वहाँ रिहर्सल हो ही नहीं सकती थी।

जयराम : इसीलिए तो मैंने यहाँ बुला लिया सबको।...अच्छा, पहले बताओ, तुम खाओ-पियोगे क्या?

जगदीश : बस शुक्रिया। अभी-अभी मुर्गी और मटन के कोफ्ते खाकर चला आ रहा हूँ। *(पसीना पोंछते हुए)* दयाल और केशव नहीं आए?

जयराम : अभी आ जाएँगे। तुम थोड़ी देर अखबार देखो, और मैं जरा *(सीढ़ियों पर फिर खट्-खट् की आवाज)*...लो, शायद वे आ गए।

जगदीश : वही दोनों हैं। मैं उनके पैरों की आवाज खूब पहचानता हूँ।

[केशव और दयाल दोनों हाथ में हाथ डाले आते हैं। केशव सफेद पैन्ट और कमीज पहने है। दयाल चुस्त पायजामा और शेरवानी पहने है। सब परस्पर हाथ मिलाते हैं।]

जगदीश : *(अँगूठा और उँगली मिलाकर अदा के साथ)* 'कहीं अल्लाह ने यह जोड़ी'—

केशव : *(हँसते हुए)* मालूम नहीं था कि श्रीमान पहले से ही उपस्थित हैं।

जगदीश : जी, स्वागत करना तो सेवक का फर्ज है। रास्ते में आँखें बिछा रखी थीं।

[सब बैठ जाते हैं।]

केशव : रास्ते में मत बिछाया करो, जरा मैली हो गई तो धुलाई भी नहीं होने की।

दयाल : *(नजाकत से पैर सहलाकर)* यह सेक्रेटरी साहब का मकान कम्बख्त इतनी दूर है कि आते-आते साइकिल ने भी पाँव छील दिए।

जगदीश : क्या कहने हैं! बीमा करा लीजिए न पैरों का।

जयराम : अरे दोस्त, आखिर नायिका का पार्ट अदा करना कोई मजाक नहीं। यह नजाकत रंग लाएगी।

जगदीश : हमारे लिए खाक लाएगी। मुबारक हो केशव को जिसे नायक बनना है।

केशव : क्षमा हो। इसी नायकत्व के कारण आज जूते खाते-खाते रह गया।

जगदीश : बड़ा अफसोस है। किस क्वालिटी के जूते थे?

केशव : यह तो परमात्मा जानता है। तीसरे सीन में मेरे जो वाक्य हैं, उन्हें सबेरे बाग में बैठा दोहरा रहा था। जब मेरे मुँह से निकला— 'काश, तुम जानतीं कि किसी के दिल पर क्या

गुजर रही है'—तो पीछे से एक देवीज़ी अचानक चमक पड़ीं। बोलीं, 'बदमाश! ईडियट!'

[सब हँसते हैं।]

केशव : खैर यह हुई कि कोई आसपास था नहीं और हम दुम दबाए चले आए, नहीं तो टूटा बाजू और लंगड़ी टाँग लिए घूमते।

जयराम : देखो भाई, देर हो रही है। अब हमें काम शुरू कर देना चाहिए।

दयाल : पर मैं तो सीधा खाना खाकर ही चला आ रहा हूँ। कुछ देर सुस्ता लूँ, तभी काम हो सकेगा।

जयराम : हमने खाना नहीं खाया क्या? पर काम तो करना ही है। क्यों केशव?

केशव : सेक्रेटरी साहब, यह पंखा-पंखा नहीं चलता? कितनी तारीफ करते थे कि हमारा कमरा हवादार है, यह है, वह है। पर यहाँ तो मारे गरमी के मरे जा रहे हैं।

जगदीश : बेशक हवादार है। जब हम आए थे, तो बराबर हवा आ रही थी। पर मालूम होता है कि पुराने जमाने का होने की वजह से कुछ हवादार भी है। इतने आदमियों को एकसाथ देखकर बेचारा गुमसुम-सा हो गया है।

जयराम : साहब, बिजली समय पर धोखा दे दे, तो मैं क्या करूँ, और बेचारा पंखा क्या करे? अब धैर्य से काम लीजिए। यहाँ यूँ ही एक बजा जा रहा है।

केशव : मेरा विचार है, पहले दिमाग थोड़ा ठंडा हो जाए।

जगदीश : भले आदमी, दिमाग की गरमी उतरते-उतरते ही उतरेगी।

जयराम : देखो, बात यह है कि आज मुझे थोड़ा और भी काम है। जहाँ तक हो सके, हमें जल्दी ही खाली हो जाना चाहिए।

केशव : तो मना कौन करता है? शुरू कीजिए।

[दयाल अब तक कुर्सी की पीठ से टेक लगाकर ऊँघने लगा है।]

केशव : *(दयाल को हिलाकर)* दयाल! *(जयराम से)* यह तो सचमुच नींद का शिकार हुआ जा रहा है। *(शरारत भरी आवाज में दयाल से)*—उठो मिस अंजना! मेरी रानी अंजना।

दयाल : *(स्त्रियों जैसी आवाज में)* नहीं, आप पिताजी से पूछिए। मैं उनकी आज्ञा के बिना कुछ नहीं कर सकती।

[सब हँसते हैं।]

दयाल : *(अचकचाकर जागने का अभिनय करते हुए)* क्यों, क्या हुआ जी?

जगदीश : कुछ नहीं बेटी! जरा जागकर अभिनय करो।

जयराम : एक से चार तक दृश्यों की रिहर्सल तो कई बार हो चुकी। आज पाँचवें दृश्य से शुरू करेंगे।

[ड्राअर खोलकर साड़ी निकालता है।]

: *(दयाल से)* तुम यही साड़ी बाँध लो। *(केशव से)* तुम अपने इन्हीं कपड़ों में अभिनय कर सकते हो।

[दयाल उठाकर साड़ी बाँधने लगता है। साड़ी शेरवानी में उलझ जाती है। वह कठिनता से शेरवानी उतारकर साड़ी ठीक करता है।]

जगदीश : नर-नारी का भेद क्या, कह गए भगत कबीर!

जयराम : बस-बस, क्यों बेचारे कबीर की आत्मा को कष्ट देते हो? काम होने दो। *(रुककर)* अब शुरू करो। तुम कुर्सी जरा निकट कर लो केशव!—बस, ठीक है। तैयार।

केशव : *(कुछ खाँसकर)* 'चलो, अंजना! इस दुनिया से दूर—'

दयाल : *(बाँहें और टाँगें फैलाकर अंगड़ाई और जम्हाई लेते हुए)* अभी नींद का खुमार भी दूर नहीं हुआ।

जयराम : क्या करते हो दयाल?

दयाल : मेरे बस की बात नहीं साहब! यह तुम्हारी जल्दबाजी का फल है। जरा ऊँघ लेने देते!

जयराम : अब समय मत गँवाओ। तुम बोलो केशव!

केशव : *(फिर कुछ खाँसकर)*—जहाँ हमारे शरीर और मन हवा की हिलोरों और जल लहरियों में खो जाया करें। हम भावनाओं में तेरे, चन्द्रकिरणों के साथ मुसकुराएँ और ओस के साथ सिहरा करें।

दयाल : मु-मु-झे-ए-ए—

जयराम : अरे भई, सिसकियाँ भी तो लो साथ।

दयाल : यह किताब में कहाँ लिखा है? खैर *(सिसकते हुए)* 'मु-मु-झे-ए- ए-भू-अ-ल-जा-ओ-ओ...'

केशव : 'भूल कैसे जाऊँ अंजना? आकाश और पृथ्वी में कितना अन्तर है? पर क्षितिज के पास जाकर भी आकाश को पा लेता है। क्या इसी तरह क्षितिज के किसी कोण में हम दोनों नहीं मिल सकते?'

दयाल : 'किशो-ओ-ओ' *(स्त्री की तरह रोने का अभिनय करता है। आवाज कुछ मोटी निकल पड़ती है।)*

केशव : धत्तेरे की। तुम्हें किसी ने रोना भी नहीं सिखाया?

दयाल : तुम्हीं जरा रोकर दिखा दो न।

जयराम : भई अभिनय करो, क्या करते हो?

केशव : *(जैसे मजबूर होकर)* '—क्या तुम यह सह लोगी अंजना कि तुम्हारा पिता उस शराबी देवदास के साथ तुम्हारा ब्याह कर दे? रो-रोकर जान न दो अंजना! *(दयाल की ठुड्डी को हाथ से ऊपर उठाते हुए)* तुम्हारे इन गोरे मुलायम गालों पर वे आँसू—*(एकदम चीखकर हाथ खींचते हुए)* उफ़्-अ!!'

जयराम : क्यों, क्या हुआ?

केशव : हाथों में काँटे गड़ गए, और क्या? कम्बख्त चला है नायिका बनने। सात दिन से शायद शेव ही नहीं की।

दयाल : वाह! कल ही तो शेव की है।

केशव : खाक की है। जरा और हाथ रगड़ जाता तो लहू निकल आता। परमात्मा बचाए इस प्रेम से।

जयराम : क्या कर रहे हो केशव? काम जल्दी पूरा होना चाहिए। मैंने तो खाना—*(जबान काटकर)* जरा ज्यादा ही खा लिया। *(हाथ से पेट को दबाता है।)*

केशव : अब तो मिस अंजना बोलेंगी।

दयाल : *(सिसकते हुए)* 'भूल जा-आ-आ-ओ कि-इ-शोर!'

केशव : 'अंजना, यदि हृदय चीरकर दिखाया जा सकता तो तुम देखतीं—' *(जयराम को फिर पेट दबाते देखकर)* सेक्रेटरी साहब! पेट में दर्द हो रहा है?

जयराम : कुछ भी तो नहीं। तुम काम मत बिगाड़ो।

केशव : '—तो तुम देखतीं कि तुम्हारे लिए—' *(जयराम से)* सेक्रेटरी साहब, थोड़ा-सा चूरन खा लो।

जयराम : केशव, मैं कहता हूँ दो बजे से पहले हमें खाली हो जाना चाहिए।

[जगदीश अब तक ऊँघकर खर्राटे लेने लगा है।]

केशव : 'अंजना, अपना और मेरा जीवन मत बिगाड़ो। स्वयं आँखें खोलकर देखो—' *(जगदीश को ऊँघते देखकर)* लो तुम्हारे पिताजी को नींद आ गई। बाकी नाटक कल।

जयराम : छोड़ो केशव, तुम आज मूड में नहीं हो। हम अगले दृश्य की रिहर्सल करते हैं।

केशव : पर पहले जगदीश को तो जगा लो। वह तो दृश्य ही अंजना के पिता का है।

जयराम : जगदीश! *(कन्धा पकड़कर हिलाते हुए)* जगदीश!

जगदीश : *(हड़बड़ाकर)* अरे भूचाल आ गया क्या? इतना चीख क्यों रहे हो?

जयराम : महाशय, रिहर्सल करने आए हो या नींद लेने?

जगदीश : क्यों, रिहर्सल करनेवालों को नींद लेने की मनाही है क्या? यहाँ सपने में ब्याह होने जा रहा था, एक आवाज ने सारा खेल बिगाड़ दिया।

केशव : अरे, अपना ब्याह फिर करा लेना। पहले अपनी बेटी का ब्याह तो रोको।

केशव : *(कृत्रिम ठंडी साँस लेकर)* अच्छा भई, लाओ कहाँ है मूँछ-दाढ़ी?

[जयराम उठकर ड्राअर से मूँछ-दाढ़ी इत्यादि निकालता है।]

जयराम : यह लो! काम जल्दी-जल्दी होना चाहिए।

जगदीश : मिनटों में?

जयराम : हाँ, मिनटों में।

[जगदीश दाढ़ी बाँधते हुए हँसता है। फिर किसी तरह हँसी दबाता है।]

जगदीश : *(दयाल को लक्षित कर)* 'तुमने अपना विचार बदल लिया न बेटी?'

जगदीश : सबके सब एक ही रोग के शिकार हैं। अरे बाबा, तुम्हें तो बाहर से प्रवेश करना है।

जगदीश : फिर काम मिनटों में कैसे होगा? अब बोलने दो अंजना को।

दयाल : *(मुस्कुराहट दबाकर)* 'मुझे क्षमा कीजिए पिताजी! मैं—'

जगदीश : 'अब भी तेरा वही हठ है री? मेरी सफेद दाढ़ी का तुझे कुछ भी विचार नहीं?'

[हाथ से दाढ़ी को छूता है। वह सरक जाती है।]

दयाल : इसे ठीक तरह से बाँधो, नहीं तो गिर पड़ेगी।

जगदीश : यहाँ कौन देखनेवाला है? 'हाँ, देखो बेटी, मैं देवदास को वचन', इत्यादि, इत्यादि।

जयराम : *(हताश होकर)* अब यह क्या है?

जगदीश : याद तो मुझे सारा है, पर मिनटों में समाप्त करना है न। चलो बोलो अंजना!

दयाल : *(फिर मुस्कुराहट दबाते हुए)* 'पिताजी, मैं देवदास को कभी नहीं' इत्यादि, इत्यादि।

जगदीश : *(ऊँची आवाज में)* 'मैं कहता हूँ, तुझे यह पता होना'—इत्यादि, इत्यादि।

दयाल : 'क्षमा कीजिए, मैं आपसे' इत्यादि, इत्यादि।

जगदीश : *(और भी गरजकर)* 'चुप रह पिता की आज्ञा...'

केशव : इत्यादि, इत्यादि—और समाप्त।

जगदीश : *(पसीना पोंछते हुए साधारण स्वर में जयराम से)* लो, क्या मैं और क्या मेरी सूझ! मिनटों में समाप्त करके रख दिया। जरा दाद तो दो।

केशव : *(हँसते हुए)* क्या बात है! मंच पर जहाँ भी कहीं कुछ भूला, वहीं मैं यह रामबाण 'इत्यादि-इत्यादि' जोड़ दूँगा। क्या सूझ है! अब सेक्रेटरी साहब, देवदास बनो।

जयराम : काम को मैं काम की तरह करना पसन्द करता हूँ। *(उठकर)* तुम बाहर जाओ दयाल!

[दयाल बाहर चला जाता है।]

: बस, ठीक है। अब मैं अभिनय करता हूँ! *(कुर्सी से उठकर इधर-उधर देखते हुए)* 'अरे कहाँ गई वह बन की चिड़िया? कित ढूँढूँ? कित जाऊँ? लो लो लो लो, वह तो इधर ही आ रही है! अटकती, मटकती, लटकती!'

जयराम : *(सामने आकर)* 'अंजना'।

[पीछे का दरवाजा खुलता है। मुन्नी अन्दर से झाँकती है।]

मुन्नी : बाबूजी!

[जयराम आगे बढ़ता है। दयाल पीछे हटता है।]

जयराम : 'आओ, अंजना! तुम नहीं जानतीं कि मैं तुम्हारी कब से प्रतीक्षा कर रहा हूँ—'

[मुन्नी निकलकर बाहर आ जाती है और ताली बजाकर नाचने लगती है।]

मुन्नी : बाबूजी! बीबीजी!!

[जयराम मुन्नी को घूरता है।]

जयराम : *(क्रोधवेश में मुन्नी से)* तू क्यों आ मरी? चल अन्दर!

[अन्दर का दरवाजा खट से खुलता है। सरला घूँघट निकाले अन्दर से निकली है।]

सरला : *(चमककर)* भेज दो अन्दर! जहाँ माँ मरेगी, वहाँ वह भी मर जाएगी।

जयराम : *(सटपटाकर)* हुआ क्या है?

सरला : *(रुँधे गले से)* रहा ही क्या है? घर में यही कुछ करना था, तो ब्याह करने की क्या जरूरत थी? खाना-पीना भूलकर यहाँ राँडसैल करते हो?

[जगदीश और केशव परस्पर आँख से इशारा करते हैं। मुन्नी सिसकती हुई माँ के पास चली जाती है।]

जगदीश : *(धीरे-से)* भूखे पेट राँडसैल!

सरला : *(मुन्नी को पीटती हुई रुआँसे स्वर में)* क्यों मरी तू यहाँ? किससे पूछकर आई?

जयराम : *(घबराकर)* कुछ समझती भी हो? अब यह तुम्हें क्या बताऊँ, क्या है?

सरला : बहाने की क्या जरूरत है? मैं आज ही चली जाऊँगी माँ के घर...

केशव : *(जयराम से)* देखो, मैं समझाता हूँ *(सरला से)* सुनो भाभी, ये जो देवीजी हैं न, ये मेरी—नहीं—जगदीश की—नहीं सेक्रेटरी साहब की।

जयराम : क्या बकते हो?

केशव : तो लीजिए, मैं चुप हो जाता हूँ।

[सरला मुन्नी को खींचकर अन्दर ले चलती है। दयाल जल्दी से अपनी साड़ी उतारता है।]

दयाल : भाभी, भाभी, इधर तो देखो।

[सरला बिना देखे अन्दर चली जाती है। दयाल साड़ी और शेरवानी उठाकर जयराम को खींचता हुआ अन्दर चलता है।]

दयाल : *(जाते-जाते)* ओ भाभी, जरा देखो तो सही!

[दोनों अन्दर चले जाते हैं। जगदीश और केशव हँसते हैं।]

[पर्दा गिरता है।]

घड़ीभर एकान्त

पात्र

राजदेव : एक प्रौढ़ वकील जो कवि भी हैं
करुणादेवी : एक तरुण विधवा
रामधन : एक नौकर
नीरद : एक नवयुवक कवि
सुषमा : राजदेव की लड़की, एम.ए. की छात्रा
राधा : सुषमा की सहेली

[राजदेव का ऑफिस—दीवारों के साथ अलमारियों व शेल्फों में कानून की किताबें चुनी हुई हैं। बीच में एक मेज है जिस पर कानूनी किताबों के अलावा दो-चार हिन्दी की किताबें भी पड़ी हैं। वहीं पर इंक स्टैंड और कॉलबैल भी रखी हैं। कागज कुछ अस्तव्यस्त-से हैं। मेज के गिर्द छः-सात कुर्सियाँ अर्द्ध-चन्द्राकार बिछी हुई हैं। सामनेवाली दीवार और मेज के मध्य में एक बढ़िया गोल कुर्सी राजदेव के बैठने के लिए है। दोनों ओर दो दरवाजे हैं जिन पर पर्दे डाल दिए गए हैं।]

[पर्दा उठने पर राजदेव ऑफिस में अपनी कुर्सी पर बैठे सिगार पी रहे हैं। उनके पास ही करुणादेवी चिन्तित-सी बैठी हैं। कुछ निःस्तब्धता।]

राजदेव : *(मुख से धुआँ निकालते हुए)* मैंने सब समझ लिया है। चिन्ता की कोई बात नहीं।

करुणा : मुझे अब आप पर ही भरोसा है। मुझे असहाय समझकर वे लोग मेरा सब हिस्सा हड़प जाना चाहते हैं *(आर्द्र कंठ से)* मेरा कोई अपना लड़का-बाला या सगा-सम्बन्धी होता तो इनकी क्या मजाल थी!

राजदेव : *(कश खींचते हुए)* वह कुछ भी नहीं कर सकते। वसीयतनामा बिल्कुल साफ है। आप विश्वास रखें। मैं हर तरह से आपकी सहायता करूँगा। इससे मुझे मानसिक खुशी होगी।

करुणा : आपकी कृपा को मैं जन्म भर न भूलूँगी। मैं इस समय दरिद्र हूँ। आपकी फीस तक भी नहीं दे सकती। फिर भी आप इतनी दया दिखा रहे हैं! यदि मैं जीत गई, तो आपकी एक-एक पाई चुका दूँगी।

राजदेव : *(एक कागज पर राख छिटकते हुए)* यह आप कैसी बातें करती हैं। इनकी आवश्यकता नहीं। यदि मैं आपके लिए कुछ भी कर सकूँ तो...*(फिर कश खींचते हैं।)*

करुणा : *(उठते हुए)* अच्छा, अब मैं चलती हूँ। आप कागजात देख लें। फिर आपके दर्शन करूँगी। *(हाथ जोड़ती है)*

राजदेव : पर देखिए, अभी मुझे आपसे...

करुणा : कहिए।

राजदेव : ...कुछ नहीं। अच्छा, मैं कागजात देख लूँ।

करुणा : तो मैं जा सकती हूँ?

राजदेव : आप?...देखिए, मेरे खयाल में अभी...*(जैसे सजग होकर)* हाँ! आप जाइए।...पर वह चिट्ठी जिसकी बात आप कह रही थीं... हाँ, वह ढूँढ़कर थोड़ी देर में मुझे दे जाइए। मैं तब तक और विचार करूँगा।...फिर आपको भी बहुत-सी बातें समझनी हैं।

करुणा : बहुत अच्छा। आपको फिर कष्ट दूँगी।

[हाथ जोड़कर दाईं ओर से निकल जाती है।]

राजदेव : *(एक कागज उठाते हुए)* करुणा—करुणा बनाम वासुदेव। करुणा बेचारी! छोटी उम्र में विधवा हो गई, ऊपर से लोग तंग करते हैं। मुख की कान्ति में कितनी दीनता मिली हुई थी! बेचारी करुणा-सी! हाँ, करुणा-सी!

[कागजात परे हटाकर कुछ सोचने लगते हैं।]

राजदेव : *(गुनगुनाते हुए)* करुणा! तुम करुणा-सी दीन।

[पेंसिल उठाकर लैटर पैड पर एक पंक्ति लिखते हैं।]

राजदेव : वाह! क्या सुन्दर आइडिया है! 'करुणा तुम करुणा-सी दीन।'

[एकदम बैल बजाते हैं। दाईं ओर से नौकर रामधन अन्दर आता है।]

रामधन : जी हुजूर!

राजदेव : देखो रामधन! हम इस समय एक बहुत जरूरी काम कर रहे हैं। हमें घड़ीभर एकान्त चाहिए। किसी को अन्दर मत आने देना, समझे?

रामधन : जी, हुजूर! *(बाहर चला जाता है।)*

राजदेव : *(कुछ सोचते हुए)* 'करुणा! तुम करुणा-सी दीन!—दीन...छीन... तीन...बीन...मीन...लीन...हीन...! हूँ! 'बज उठी मेरे उर की बीन।' *(लिखते हैं।)*—बीन, बीन, बीन,—'लिया किसने मेरा मन छीन?' *(लिखते हैं।)*...'करुणा! तुम करुणा-सी दीन!'

[रामधन का प्रवेश।]

रामधन : बाबूजी! बाहर वह...

राजदेव : *(क्रोध से)* मैंने तुमसे क्या कहा था?

रामधन : जी, पर वह तो...

[गुनगुनाते हुए नीरद का प्रवेश। सिर से टखनों तक खद्दर पोश। पैर में विलायती पम्प-शू। दुर्भाग्यवश एक आँख नष्ट हो चुकी है, और जो है वह बार-बार झपककर अकेली ही दो आँखों का कर्तव्य पूरा कर देती है।]

नीरद : नमस्ते वकील साहब! कहिए, क्या लिखा जा रहा है?

राजदेव : *(कुछ चिढ़े हुए स्वर में)* कुछ नहीं। आइए। बैठिए।

[रामधन चुपचाप बाहर चला जाता है।]

नीरद : *(बैठते हुए)* इस नौकर को तो बात करने की भी तमीज नहीं।

राजदेव : क्या किया जाए? आखिर काम तो ऐसों से ही लेना पड़ता है। कहिए, कैसे कृपा की?

नीरद : खास तो कुछ भी नहीं। एक नई चीज लिखी थी। सुनाए बिना दिल नहीं माना। सीधा चल पड़ा। डर था शायद आप न मिलें। पर आप मिल ही गए।...आप कुछ चिन्तित-से क्यों हैं?

राजदेव : मैं! नहीं मैं...मुझे बहुत खुशी है कि आप चले आए।

नीरद : ऐसा लगता है जैसे आप कुछ सोच रहे हैं।

राजदेव : हाँ! आपका अनुमान ठीक है। मैं कुछ सोच रहा था। मैंने ही नौकर से कहा था कि मुझे घड़ीभर एकान्त चाहिए।...पर आप अपनी चीज सुनाइए।

नीरद : तब तो मैंने आकर गलती की। मुझे नहीं मालूम था कि आप कुछ सोच रहे होंगे। खैर, आप सोचिए। मैं तब तक जरा अखबार देखता हूँ।

[मेज पर पड़ा हुआ अखबार उठा लेता है।]

राजदेव : देखिए, मैं एक जरूरी दस्तावेज पर विचार कर रहा हूँ। और आप जानते ही हैं कि यह काम बिल्कुल एकान्त में ही सम्भव है। इसलिए यदि आप मुझे क्षमा करें तो...

नीरद : वाह! इसमें क्षमा की कौन-सी बात है! आप काम कीजिए। मुझे वापस जाने की जल्दी नहीं है।

[बाईं ओर से सुषमा आती है। राधा भी उसके साथ है, पर वह दरवाजे के पास ही रुक जाती है।]

सुषमा : पिताजी!...*(नीरद को देखकर)* नमस्ते!

नीरद : नमस्ते!

सुषमा : *(राधा की ओर मुड़कर)* राधा! वहाँ क्यों खड़ी है? आ जा।

[राधा धीरे-से आकर राजदेव और नीरद को अभिवादन करती है। दोनों उसका उत्तर देते हैं।]

राजदेव : क्यों, क्या बात है, सुषमा? मैं इस समय बहुत...

नीरद : आप खड़ी क्यों हैं, बैठ जाइए न।

[सुषमा राधा को बिठाकर स्वयं भी बैठ जाती है।]

सुषमा : पिताजी! हमें आपसे एक जरूरी काम है।

राजदेव : *(मीठी झुँझलाहट के साथ)* तुम देख रही हो, मैं इस समय अपना काम कर रहा हूँ। बाहर के आदमी से तो कुछ नहीं कहा जा सकता। तुम्हें तो इन बातों का ध्यान रखना चाहिए।

[राधा सुषमा की ओर देखती है।]

सुषमा : पिताजी, यह इतनी दूर से चलकर जरा-से काम के लिए आई है। यह है राधा, मेरे साथ पढ़ती है। कल हमारे कॉलेज का फंक्शन है।

राजदेव : पर मेरे पास इतना समय कहाँ कि तुम्हारा फंक्शन देखने जा सकूँ। मुझे कल तक बहुत-से कागजात देखने हैं। यह देखो, अभी हाथ का काम भी अधूरा पड़ा है।

[अनजाने हाथ का कागज सुषमा की ओर बढ़ा देते हैं।]

सुषमा : *(देखकर)* ओ पिताजी! आप तो कविता लिख रहे हैं। इसलिए तो मैं भी आई थी।

नीरद : *(चमककर)* कविता लिख रहे हैं? वाह साहब, वाह! मैं भी तो कहूँ, चेहरा ही कविता करता हुआ नजर आता है। तब तो खूब रही।

सुषमा : *(राधा से)* तू खुद ही अपना काम कह दे।

राधा : जी, कल फंक्शन में मैंने राष्ट्रभाषा पर एक कविता पढ़नी है। मैंने बहुत-से संग्रह देखे, पर कोई अच्छी-सी कविता नहीं मिली। इसीलिए सुषमा के पास आई थी। आप यदि कष्ट करके...

नीरद : *(एकदम)* इसमें कष्ट क्या है? यह तो मामूली-सी बात है। मैंने आज ही भारतमाता पर एक कविता लिखी है। पहले मालूम होता तो राष्ट्रभाषा पर लिखता। पर मैं अभी लिखकर दे सकता हूँ।

सुषमा : तो आप लिख देंगे? पिताजी तो इस समय काम कर रहे हैं।

राधा : पर सुषमा!...

नीरद : *(राधा से)* आपको शायद विश्वास नहीं। मैं पहले आपको अपनी आज की लिखी चीज सुनाता हूँ। आप स्वयं ही फिर कहिएगा... जी! मैं तो लिखकर खुद ही फड़क उठा था। *(जेब से कागज निकालकर खोलते हुए)* कहा है—

जय जय जय भारत माता!
कवि मुक्त-कंठ यश गाता।
जो नभ औ पृथ्वी जननी
जो भवसागर की लघु-तरणी

[राजदेव उकताकर उसी ओर देखते हैं।]

नीरद : *(माथे से पसीना पोंछते हुए)*

जो रवि-शशि की निर्माण-हेतु
जो स्वर्ग प्राप्ति की आदि-सेतु!
जय जय जय भारतमाता!
कवि मुक्त-कंठ यश गाता!

सुषमा : *(मुस्कुराते हुए)* वाह! वाह! वाह! आपने तो बंकिमचन्द्र को भी मात कर दिया। सचमुच भारतमाता का इतना गौरव आज तक किसी की लेखनी नहीं आँक सकी।

[आँख से राधा को संकेत करती है।]

राधा : *(गम्भीरता प्रदर्शन की चेष्टा करते हुए)* हिन्दी साहित्य में ऐसी अनोखी चीज तो कभी देखने को नहीं मिली।

नीरद : यह तो आपकी गुणग्राहिता है। नहीं तो, मैं तो जैसे-तैसे तुक बाँध लेता हूँ।

सुषमा : यदि यही कविता राष्ट्रभाषा हिन्दी को लेकर लिखी गई होती, तो राधा सचमुच कल प्रथम पुरस्कार पा जाती।

[राधा मुस्कुराती है। राजदेव विवश क्रोध से सबकी ओर देखकर चुप बैठे रहते हैं।]

नीरद : इसमें कौन-सी बड़ी बात है! मैं हिन्दी भाषा पर इससे भी सुन्दर छन्द लिख सकता हूँ। यदि आप कहें तो...

सुषमा : नहीं, इस कविता की बात दूसरी है। मैं कहती हूँ, यह छन्द हिन्दी भाषा पर ही होने चाहिए।

नीरद : *(कुछ गर्वित होते हुए)* आप ठीक कहती हैं। इन उत्कृष्ट छन्दों को सामयिक न बनाकर मैंने जरा-सी भूल की है, यह मैं समझ पा रहा हूँ। पर यह तो कोई बात नहीं। जरा ठहरिए—देखिए—ऊँ-ऊँ-ऊँ बस, बन गई है। देखिए, पलक में ही बन गई। यदि पहली पंक्ति को बदलकर 'जय-जय-जय हिन्दी भाषा' कर दिया जाए तो कैसा रहे?

[सब खिलखिलाकर हँस पड़ते हैं। नीरद कुछ भौचक्का-सा उनकी ओर देखता है।]

राधा : *(हँसी रोकते हुए)* अब तो सचमुच मुझे प्रथम पुरस्कार मिल जाएगा।

नीरद : जी, मेरी तो यह साधारण तुकें हैं। पर यह दावे के साथ कह सकता हूँ कि ऐसी तुकें मिला लेना हर एक के बूते की बात नहीं। और फिर आजकल यहाँ तो ऐसा एक भी नहीं...

राजदेव : *(एकदम)* आपका मतलब?

नीरद : *(सँभलकर)* ओ, वकील साहब! मैंने सोचा, आप काम कर रहे हैं, विघ्न डालना उचित न होगा। आपने मेरी कविता सुन ली न? इसीलिए तो मैं इतनी दूर से आया था। *(रुककर)* पर आप भी तो शायद कविता कर रहे थे।

राजदेव : मैं कविता कर रहा था या नहीं, पर आप एक बहुत बड़े साहस की बात कर रहे थे।

नीरद : इसका मतलब है आपने मेरी कविता नहीं सुनी।...सच कहता हूँ, आपसे दो छन्द कभी सुनने को मिल जाते हैं, नहीं तो कौन यहाँ लिखनेवाला है? और मैं भी तो आप ही की दया से कुछ ऐसे छन्द लिख लेता हूँ जो शीर्ष-पंक्ति भर बदल देने से कई-कई भावों को व्यक्त कर सकें।

[राधा और सुषमा मुस्कुराती हैं।]

राजदेव : छन्द नहीं, मंत्र कहिए। प्रगतिवाद की आड़ में सबकुछ सम्भव है! यदि सच पूछें तो ऐसी बे-सिर-पैर की कविता मैंने आज तक नहीं सुनी।

नीरद : *(सावेश)* क्या कह रहे हैं आप? मैंने एक-से-एक बढ़कर कविताएँ लिखी हैं। मेरी कविता...मेरी कविता...*(राधा और सुषमा की ओर देखता है।)*

राधा : *(मुस्कुराकर)* आपने इससे बढ़कर भी कुछ लिखा है?

नीरद : क्यों नहीं! अभी आपको पचासों सुना सकता हूँ। अभी और पचासों बना सकता हूँ। पिछले रविवार के ही छन्द हैं—

उदित ज्योतिमय किरण पुंज,
पुष्पित सुरभित लता कुंज,
मधुमय[1] बसन्त
गा[2] रहा पथिक पथ पर अनन्त,
कोकिल कलकल,
सरिता छल छल,
सब बैठे नहा रहे मलमल!
जलथल, जलथल,
हलचल, हलचल।

'मधुमय'[1] और 'गा'[2] शब्दों के ऊपर राकेश ने पेंसिल से क्रमशः 'पतझर' और 'जा' शब्द लिख रखे हैं।—सं.

राजदेव : इसका अर्थ?

सुषमा : इसका शीर्षक?

नीरद : अर्थ? शीर्षक? यह सब बारहवीं सदी की बातें थीं। आज की कविता का शीर्षक नहीं होता। आज की कविता का अर्थ नहीं होता।

राजदेव : आज की या आपकी?

नीरद : मुझे इस पर गर्व है। मेरी कविता शीर्षकों या अर्थों के पीछे नहीं चलती। उसमें भाव हैं। उसमें गहराई है। उसका प्रत्येक अंग... प्रत्येक अंग...

राधा : तो उसके हाथ-पैर भी हैं?

नीरद : उसका एक-एक अंग, एक-एक अंश, एक-एक शब्द, एक-एक अक्षर अपने में ही पूर्ण होता है। एक पूरी कविता होता है। उसकी प्रेरणा छूती है चन्द्रलोक को, सूर्यलोक को, देवलोक को...

राजदेव : जहन्नुम को नहीं?

नीरद : *(उत्तेजित होकर)* आप मेरा अपमान कर सकते हैं, कविता का अपमान नहीं कर सकते, कवि का अपमान नहीं कर सकते। मैं व्यक्तिगत रूप से आपका आदर करता हूँ। पर कवि किसी का आदर नहीं करता। वह स्वच्छन्द है। वह निर्माता है। कवि अपनी कल्पना में आप जैसे कितने ही मनुष्यों से खिलवाड़ कर सकता है।

राजदेव : खिलवाड़? *(हँसकर)* बन्दा आप जैसे कितने ही कवियों को जेल भिजवा सकता है। मैं आपको छः महीने के लिए बन्द करा सकता हूँ—चाहूँ तो साल-भर के लिए, दस साल के लिए, या आयु भर के लिए। कानून की सरल जंजीरों की जकड़ में कविता बेहोश भी हो जाती है।

सुषमा : पिताजी! आपकी चाय का समय हो रहा है।

नीरद : *(आवेश में)* कविता मर नहीं सकती। मुझे जेल भिजवाएँगे? भिजवा दीजिए मुझे जेल। अपनी कविता के लिए जेल जाने से बढ़कर कवि के लिए कोई गर्व की वस्तु नहीं। दुनिया में सब बड़े-बड़े कवियों ने कष्ट उठाए हैं।

सुषमा : पिताजी तो मजाक कर रहे थे। आप व्यर्थ ही जरा-सी बात को बढ़ा रहे हैं। आज के हिन्दी के कवि तो सचमुच युग के प्रवर्तक है। आपका उनमें ऊँचा स्थान है।...ठहरिए, मैं चाय लाती हूँ।

नीरद : *(पसीना पोंछते हुए)* क्षमा कीजिए, मैं बहुत उत्तेजित हो गया था। पर जो स्वयं उत्तेजित न हो सके, वह दूसरों को क्या उत्तेजना देगा? यही तो कविता की यथार्थता है। *(रुककर)* फिर भी मैं क्षमा माँगता हूँ।

[सुषमा राधा को संकेत करती है। दोनों उठकर अन्दर जाने लगती हैं।]

नीरद : *(सुषमा से)* आप चाय ले आइए। *(राधा से)* आप तो बैठिए— मैंने एक बार कवि-सम्मेलन में...

राधा : आप ठहरिए, हम अभी आती हैं।

[दोनों अन्दर चली जाती हैं।]

नीरद : *(राजदेव की ओर एक क्षण देखते रहकर)* क्षमा कीजिएगा वकील साहब! आज आपके सामने भी गुस्ताखी कर बैठा। न जाने मुझे किसी-किसी समय क्या हो जाता है!

राजदेव : खैर, कोई बात नहीं। पर मैं आपके भले के लिए ही कहता हूँ। इसी तरह आगे चलकर कइयों को हिस्टीरिया हो जाया करता है।

नीरद : हिस्टीरिया?...सचमुच? वही जो 'पथयात्री जी' को हुआ था? तो फिर?

राजदेव : शीघ्र ही किसी अच्छे-से डॉक्टर को दिखाइए। इसमें तो चाय इत्यादि पी लेने से कई बार हार्टफेल भी हो जाता है।

नीरद : *(घबराकर)* हार्टफेल हो जाता है? जैसे गत मास गवर्नमेंट कॉलेज के प्रोफेसर का हुआ था? तो क्या करूँ? चाय न पिऊँ? *(उठते हुए),* अच्छा, आज्ञा दीजिए। डॉक्टर मेहता के यहाँ चलता हूँ। कविता सुनाने के लिए कह रहे थे। उन्हीं से परामर्श करूँगा। *(जाते हुए मुड़कर)*...उनसे कह दीजिएगा यदि भाग्य हुआ तो फिर कभी आकर चाय पिऊँगा। अच्छा, नमस्ते! *(हाथ जोड़ता है।)*

राजदेव : नमस्ते! *(नीरद चला जाता है। राजदेव मुस्कुराते हुए अपनी पेंसिल उठाते हैं। रामधन का प्रवेश।)*

रामधन : बाबूजी!

राजदेव : क्या बात है?

रामधन : जी, वह औरत आई थी जो कुछ देर पहले यहाँ से गई थी।

राजदेव : अन्दर क्यों नहीं भेजा?

रामधन : जी, अन्दर उस समय बहुत जोर-जोर से बात हो रही थी। मैंने उससे कह दिया कि साहब घड़ीभर एकान्त में बैठे हैं, किसी के अन्दर जाने की मनाही है, तो वह चली गई।

राजदेव : *(क्रोध से)* चली गई? गधा कहीं का!

[रामधन सिर झुका लेता है।]

राजदेव : चल यहाँ से, नालायक!...जा उधर जाकर कह आ कि हम अभी चाय नहीं पिएँगे। हमें घड़ीभर एकान्त चाहिए। जा।

[रामधन चुपचाप बाईं ओर चला जाता है।]

राजदेव : *(कागज पर अस्त-व्यस्त-सी रेखाएँ खींचते हुए)* करुणा! करुणा बनाम वासुदेव। करुणा! बेवकूफ ने अन्दर नहीं आने दिया। बाहर से ही लौटा दिया। इधर यह सिर खाने आया है, कवि बने फिरते हैं!...बेचारी करुणा!...बदतमीज! जाहिल! नॉनसेन्स! ...कितनी दूर से चलकर आई होगी...अहमक! पाजी! ईडियट! *(एक लम्बी साँस लेकर अपना लिखा हुआ कागज पढ़ते हुए)* 'करुणा! तुम करुणा-सी दीन!' दीन...छीन. ..टीन...बे सींग का गधा! डर्टी फूल!

[पर्दा गिरता है।]

बिजली का बिल

पात्र

रमा : पन्द्रह-सोलह वर्ष की कुमारी
आशा : रमा की छोटी भाभी
कान्ता : रमा की छोटी भाभी
बिजली घर का चपरासी
कल्याणी : रमा की माँ, आशा तथा कान्ता की सास
मदन : कल्याणी का छोटा लड़का
निवास : कल्याणी का बड़ा लड़का, कान्ता का पति एक मजदूर

[पर्दा उठने पर घर का बरामदा दिखाई देता है। बाहर जाने का रास्ता बाईं ओर है, घर के अन्दर जाने का रास्ता दाईं ओर। बरामदे के बीच में एक मेज़ और दो कुर्सियाँ रखी हैं। मेज़ पर किसी हिन्दी पत्रिका का अधिक नहीं तो डेढ़-दो वर्ष पुराना कोई अंक रखा है। मेज़ से कुछ हटकर एक चारपाई है जो अब दिन ही गिन रही है। चारपाई के पास ही एक अधफटी चटाई बिछा दी गई है। दीवारों पर सफेदी पुरानी नहीं है, पर दरवाजों पर कई वर्षों से रोगन नहीं हुआ।]

[पर्दा उठने पर पहले मकान के अन्दर से कुछ हँसने की आवाज आती है, कुछ क्षण रुककर हँसने की आवाज अधिक निकट सुनाई पड़ती है। रमा और आशा हँसती हुई बरामदे में आ जाती हैं।]

रमा : *(मुँह में दुपट्टे का आँचल दबाए हँसी से दोहरी होती हुई)* बस भी करो भाभी, पेट में बल पड़ जाएँगे।...बच्चा पेट के बल...

[हँसती हुई धड़ाम से कुर्सी पर बैठती है, और हाथ की सिलाइयों व अधबुने बुनयाइन को मेज़ पर पटक देती है।]

आशा : *(हँसती हुई)* सुन तो सही। मैं तो अँधेरे में डरी कि कहीं

तकिया चारपाई से उतरकर अपने आप रेंगने लगा है। पर साहस करके मैंने पाँव बढ़ाया तो नीचे से बच्चा बिलबिला उठा। बेचारा दियासलाई की डिबिया ढूँढ़ रहा था।

[कान्ता की आवाज़]

—रमा! ओ रमा!!

रमा : *(कठिनता से हँसी रोककर)* आई, बड़ी भाभी! *(आशा से)* वह बोला कुछ नहीं?

आशा : बोला? वह तो चीखने लगा। जब उसने अपना पोपला मुँह हिला-हिलाकर माँ जी से शिकायत की तो मैं सुन रही थी। बेचारे का मुँह ऐसे हो रहा था जैसे सूखी नारंगी का छिलका।

[दोनों हँसती हैं। कान्ता का प्रवेश।]

कान्ता : क्या बात है रमा? हँसती ही है, या सुनती भी है कुछ?

रमा : सुन भी रही हूँ भाभी! छोटी भाभी कह रही थी कि बब्बा...

कान्ता : फिर उसी की बात? काम का भी तो कोई समय होता है। कभी डूबने भी दिया करो बब्बा को।

आशा : उस दिन की बात सुनो दीदी, वह चार आदमियों के सिर चढ़कर...

कान्ता : रहने दो यह नई-नई कहानियाँ।

आशा : कहानियाँ दीदी? तुम ही कहो तीन मन पानी उसके पेट में नहीं आता?

[सब हँसती हैं।]

कान्ता : *(शिकायत के स्वर में)* रमा! कल से इतना-सा भी तो नहीं बुना तूने।

रमा : रात को बत्ती जो नहीं जली, भाभी! अँधेरे में सिलाई चलाती तो तुम्हारा रेशमी डोरा बरबाद हो जाता। तुम्हारे पास तो खैर लड़ाई से पहले का रखा है। आजकल इतना अच्छा डोरा मिलता कहाँ है?

कान्ता : पर तू—

रमा : मेरी अच्छी भाभी, आज सब पूरा कर दूँगी, अब कुछ मत कहो।

[दरवाजे पर खट्-खट्]

आशा : देख रमा, कौन है।

रमा : बब्बा होगा और कौन?

आशा : वह अभी कहाँ। वह आएगा दो घंटे में।

कान्ता : जा रमा देख तो सही।

[रमा दरवाजा खोलती है। बाहर बिजलीघर का चपरासी खड़ा है।]

चपरासी : बाबू जी!

रमा : बड़े भैया सवेरे सात से नौ और सायंकाल पाँच के बाद घर पर और बाकी समय दफ्तर में होते हैं।

चपरासी : जी, वह नहीं—

रमा : छोटे भैया यहाँ नहीं हैं, दिल्ली गए हैं।

चपरासी : जी नहीं *(थैला देखते हुए)* एक सौ दस, एक सौ ग्यारह, एक सौ बारह...

रमा : बता तो सही क्या है?

चपरासी : जी, जरा ठहरिए। *(फिर थैली में देखकर)* एक सौ तेरह, एक सौ चौदह और यह एक सौ पन्द्रह। यह लीजिए अपना बिजली का बिल।

रमा : *(लेकर)* ओ! बिजली का बिल है! मैं समझी, डिप्टी बहादुर का प्यादा समन लेकर आया है।

[पिउन बुक में हस्ताक्षर कर देती है, और दरवाजा बन्द करके आशा और कान्ता के पास आती है।]

कान्ता : तू बहुत चंचल है रमा! बाहर के आदमी से कोई इस तरह मज़ाक करता है?

रमा : उसके खट्टे बेर जैसी नाक तो देखती भाभी! *(कृत्रिम रोष दिखाकर)* इस घर में तो छोटा होना ही अपराध है। कोई बात हो तो भाभी नाराज़। बिना बात के अम्मी नाराज़!

[अन्दर से कल्याणी को आवाज़ आती है:]

: —न कोई काम, न कोई धन्धा!

रमा : अम्मी, बिल आया है।

[कल्याणी बरामदे में आ जाती है।]

कल्याणी : गीली लकड़ियाँ जलती नहीं, तुम लोगों की बला से। मेरे लिए रात-दिन सब एक हैं। आग जलाऊँ तो मैं; आग बुझाऊँ तो मैं! रानियाँ, रोटी बनाई, और बैठ रहीं।

रमा : बिजली का बिल आया है अम्मी!

कल्याणी : भूचाल आया है। भेज दिया उस दिन बिल। वापस नहीं भाग आया।

आशा : माँ जी, बिजली का नया बिल आया है।

कल्याणी : नया आया है? निवास जो उस दिन देकर आया है, वह पुराना हो गया?...रोज़-रोज़ बिल भेजेंगे तो कौन बिजली जलाएगा? *(कुछ रुककर)* कितने का है बिल?

रमा : बिल है—बारह-बारह-बारह रुपये दस आने।

कल्याणी : क्या? बारह रुपये दस आने? मेरा सिर फिर गया है या तेरा?... बारह रुपये दस आने? ठीक से पढ़!

रमा : अब अम्मी, तुम आप पढ़ लो।

कल्याणी : मैं पढ़ना जानती तो लकड़ियाँ जलाती? तेरी तरह ऊपर से नीचे घूमती, सहेलियों के घर जाती, और काम होने पर सिरदर्द का बहाना करके पड़ रहती। कितने हैं—दस रुपये बारह आने?

रमा : बारह रुपये दस आने, अम्मी!

कल्याणी : बिजलीघर है कि अंधेर घर? सब चीजों को आग लगी सो लगी, बिजली को भी आग लग गई?

रमा : अम्मी! बड़े भैया कुछ दिनों के लिए रेडियो लाए थे न?

कान्ता : *(एकदम)* दो महीने की बात आज याद आ रही है?

रमा : नहीं, वह नहीं। हाँ छोई भैया के कमरे में बिजली का पंखा है न?...

आशा : *(बीच में ही)* वह तो उनके दिल्ली जाने के बाद एक दिन भी नहीं चला।

रमा : तब क्या कारण हो सकता है? एक बत्ती जलती है रसोईघर में, एक अम्मी के कमरे में...

कल्याणी : अम्मी बिजली से अपने हाड जलाती हैं न? आप नहीं आधी-आधी रात तक भूतनाथ प्रेतनाथ के किस्से पढ़ा करतीं?

रमा : अम्मी तुम्हारी कसम जो चार महीने से कोई किताब उठाकर देखी हो!

कल्याणी : किताब नहीं देखी, तो जालियाँ तो बुनती है, कसीदे तो काढ़ती है!

रमा : बस यही एक जाली बुनी है, वह भी बड़ी भाभी की।

कान्ता : तो मेरी जाली बुनने में ही सारी बिजली खर्च हो गई?

रमा : यह मतलब नहीं भाभी! बिजली तो सब लोग मिल-जुलकर जलाते हैं।

कल्याणी : जलाओ, या न जलाओ, वह तो कागज़ भेज देते हैं। अधेले का कागज़, ऊपर दमड़ी की स्याही, उनका लगता ही क्या है? मैं देखूँगी अब कैसे बिजली जलती है, घर में। *(भुनभुनाती हुई अन्दर चली जाती है। बाहर से आवाज़ आती है :)*

: —रमा!

[रमा, आशा और कान्ता चौंककर देखती हैं।]

रमा : *(देखकर)* मदन भइया। बिना बतलाए ही?

[एक हाथ में चमड़े का सूटकेस तथा दूसरे में एक टोकरी लिए मदन का प्रवेश।]

कान्ता : वाह! इस तरह अचानक कैसे? किस गाड़ी से आए?

[मदन सूटकेस एक ओर रखता है। रमा टोकरी उसके हाथ से लेने लगती है।]

रमा : दे दो, बीच में से कुछ निकालती नहीं—दे दो न...

मदन : रहने दे, बब्बा आएगा तो अन्दर ले जाएगा।

कान्ता : खूब पसीना आ रहा है, कैसा सफर रहा?

मदन : बारह घंटे का सफर, ऊपर से गाड़ी पाँच घंटे लेट! गरमी में तो कहीं आना-जाना मौत है मौत।

[कल्याणी अन्दर से आती है।]

मदन : पैर छूता हूँ अम्मी!

कल्याणी : जुग-जुग जी; कैसा हाल है?

मदन : बिल्कुल बेहाल हो रहा हूँ अम्मी—आजकल के सफ़र से परमात्मा बचाए।

कल्याणी : आजकल की हर चीज से परमात्मा बचाए। बिजली का बिल देखा है।

मदन : बिजली का बिल भी कोई देखने की चीज़ है अम्मी? देखने की चीज़ें हैं—गवर्नमैंट हाउस, भूल-भुलैयाँ, जन्तर-मन्तर—*(आशा से)* मुँह क्या देख रही है, जा, जलपान के लिए कुछ ले आ। पति परमेश्वर घर में आए तो स्त्रियाँ शीरनी बाँटती हैं। उठ जल्दी कर। प्यास से जान निकल रही है।

[आशा अन्दर चली जाती है।]

कल्याणी : मेरी भी सुनते हो? इस बार बिजली का बिल आया है...

मदन : *(बीच में ही)* आया है तो चला भी जाएगा अम्मी! *(रमा से)* जा रमा, अन्दर से तौलिया ले आ। ज़रा नहा डालूँ।

[रमा अन्दर चली जाती है।]

कल्याणी : नहाना एक छोड़कर दस बार, पर ज़रा यह तो सोचो कि घर का खर्च किस तरह चलाना है?

मदन : अम्मी, घर का खर्च है, कोई बिना लायसैंस की मोटर तो नहीं, जिसे चलाने के लिए पेट्रोल के कूपन नहीं मिलते।

कल्याणी : तो आपस में मिल-जुलकर चला लो। मेरी जान को क्यों रोग लगा रखा है?

[कुढ़ती हुई अन्दर चली जाती है।]

कान्ता : माँ जो नाराज़ हो रही हैं।

मदन : नाराज़ रहने की तो अम्मी की आदत ही है। यह नहीं देखा कि गरमी में सफ़र से आ रहा हूँ। बस आते ही बिल की दुहाई दे दी जैसे वहाँ से बिल की चर्चा सुनते ही आया हूँ। *(आवाज़ देकर)* रमा लाई नहीं तौलिया?...अच्छा रहने दे, पानी पीकर ही नहाऊँगा। *(आशा को आवाज़ देकर)* रानी, वहीं बैठ रही जाकर? कुछ जलपान को मिलेगा, या नहीं?

[आशा तश्तरी लिए आती है। रमा पानी का गिलास उठाए पीछे-पीछे आती है।]

मदन : *(आशा से)* रख दे, रख दे, यहीं। अन्न-देवता से बड़ा कोई देवता नहीं। कुछ पेट में जाए तो करने को बात सूझे...*(कचौरी खाते हुए)* रमा, आस-पास किसी के यहाँ ब्याह तो नहीं हुआ?

रमा : क्यों?

मदन : मैं कहता हूँ यह कचौरी घर की तो हैं नहीं। ज़रूर आस-पास कहीं ब्याह हुआ है।

रमा : *(हँसकर)* खूब अनुमान लगाया भइया। पास के घर वाली किरण का ब्याह था। वहीं की कचौरियाँ हैं।

मदन : शुद्ध विलायती घी इस्तेमाल किया गया है। दिल्ली में रहकर कम-से-कम विलायती घी की गन्ध का पता तो चल ही जाता है। *(रूमाल से पसीना पोंछते हुए)* ऐसी गरमी दस साल में नहीं पड़ी। रमा, जा, अन्दर से पंखा तो उठा ला।

रमा : भैया, अभी तो पहले ही बिजली के बिल को लेकर...

मदन : *(झिड़ककर)* मैं बिजली का बिल नहीं, पंखा लाने को कह रहा हूँ। मैट्रिक पास कर लिया, पर समझ अभी प्राइमरी जितनी भी नहीं। जा, ले आ।

[रमा चुपचाप अन्दर चली जाती है।]

आशा : आज का दिन पंखा रहने दें तो...

मदन : हमारे यहाँ की स्त्रियों को पुरुष के आराम का ज़रा ध्यान नहीं होता। मैं कहता हूँ तुम दो-चार महीने दिल्ली रह लो, तो तुम्हारा हुलिया बदल जाए। *(आवाज़ देकर)* रमा! लाई नहीं??

कान्ता : *(धीरे-से)* अन्दर माँ जी झल्ला रही होंगी।

मदन : इस गरमी में ज़रा से काम के लिए स्वयं उठकर जाना पड़ेगा। अम्मी को तो बस हिसाब ही सूझते हैं। यहाँ चाहे किसी के प्राण निकल जाएँ। *(आशा से)* जा तू पंखा ले आ।

आशा : लाना हो तो आप ही ले लाइए।

मदन : *(हताश स्वर में)* हे जगदीश्वर!

[उठकर अन्दर चला जाता है।]

आशा : आज कुछ-न-कुछ होकर रहेगा।

कान्ता : बिजलीघर पर तो माँ जी पहले ही बरस रही थीं, अब हम लोगों की बारी आएगी।

[मदन पंखा उठाए आता है। पंखे को मेज़ पर रखकर प्लग लगा देता है। पंखा पूरी गति से चल पड़ता है। मदन कुर्सी पर बैठकर कमीज़ का पसीना सुखाते हुए कचौरी खाता है।]

मदन : अब जाकर जान में जान आई। गरमी में पंखे के बिना जीना उतना ही मुश्किल है जितना...

[कल्याणी कुढ़ती हुई आती है! पीछे-पीछे रमा भी।]

कल्याणी : यहाँ घर का चाहे सत्यानाश हो जाए, तुम्हें कुछ चिन्ता भी है?

मदन : अम्मी, जरा इधर आकर कुर्सी पर बैठो। पसीना आ रहा है।

कल्याणी : मैं पसीने से नहीं मरती। पर सुन लो, आज से घर का खर्च मुझसे नहीं चलेगा।

मदन : अम्मी, जरा बैठो तो सही। देखो सारा शरीर भीग रहा है। रमा, पंखा तेज कर दे।

रमा : पंखा तो पूरी स्पीड पर चल रहा है।

मदन : कितना नामुराद पंखा है। पूरी स्पीड पर चल रहा है और पसीना तक नहीं सूखता। दिल्ली में एक पंखा था...

कल्याणी : दिल्ली का पंखा रह गया दिल्ली। पहले मेरी बात सुनो।

मदन : *(पानी पीते हुए)* भाभी, आज वार क्या है?

कल्याणी : *(झल्लाकर अन्दर जाती हुई)* वार है सनीचर, रात को रोटी नहीं बनेगी।

मदन : रमा, पानी और ले आ। *(कान्ता से)* दिल्ली में अबके मैंने पंडित नेहरू और सारे लीडरों को देखा। उस दिन की बात है...

[बाहर के दरवाजे से निवास बरामदे में आता है। पीछे एक मजदूर छोटा रेडियो सेट उठाए आता है।]

मदन : आइए बड़े भैया! दोपहर में कैसे चले आए?

निवास : तू अचानक कैसे आ गया? गाड़ी का तो पता दिया होता। *(मजदूर से)* रख दे भाई, यह ले दुअन्नी।

[मजदूर रेडियो रखकर चला जाता है।]

मदन : मेरी तो अचानक ही सलाह बन गई। यह रेडियो अपना लाए हैं क्या?

निवास : अपना कौन लेता है? ट्राई के लिए ले आया हूँ। तेरे पीछे तबीयत नहीं लग रही थी—सोचा कान-रस ही रहेगा। सात दिन सुनकर लौटा देंगे।

मदन : लगा रमा, सुनें तो सही।

[रमा प्लग लगा देती है। मदन सूई घुमाता है! कल्याणी फिर अन्दर से आती है।]

कल्याणी : एक बला पहले से चल रही है, यह एक और आ गई?

निवास : धीरे बोलो अम्मी, आवाज बाजार में जा रही है।

कल्याणी : मुझे तो सबने पागल कर दिया है। पूछा किसी ने, कितने का बिल आया है?

निवास : *(मदन से)* बात क्या है मदन?

मदन : *(सूई घुमाते हुए)* कोई खास बात नहीं भैया! यह तो यह एक ही स्टेशन बोल रहा है—

[रेडियो बज उठता है—
'दुनिया रंग-बिरंगी बाबा,
दुनिया रंग-बिरंगी।']

कल्याणी : *(चिढ़कर)* मेरी जान को रोग लगा है। गीली लकड़ियाँ जला-जलाकर मैं अन्धी हो गई...

निवास : *(बीच में)* वह तो बोल देंगे, आगे से लकड़ियाँ बिल्कुल सूखी आ जाया करेंगी।

कल्याणी : सूखी लकड़ियाँ आएँगी मेरी चिता के लिए। जो अनहोनी हो, वह इस घर में होती है।

निवास : आखिर बात क्या है?

कान्ता : असली बात यह है कि बिजली का बिल आया है।

निवास : तो उसमें झल्लाने की कौन-सी बात है?

कल्याणी : झल्लाने की बात नहीं तो बारह रुपये दस आने कौन देगा? पंखे और रेडियो छोड़कर कारखाने चलाओ, पर घर का खर्च चलाने की पहले सोच लो।

निवास : *(जरा फीका पड़कर)* बारह रुपये दस आने का बिल कैसे आ गया?

कल्याणी : आया कैसे?—बिजलीघर का चपरासी आया और दे गया। अब पंखे चलें—रेडियो चलें—*(काफी जोर से)* मैं कहती हूँ मुझसे नहीं चलेगा, नहीं चलेगा, नहीं चलेगा।

[अन्दर चली जाती है।]

निवास : रमा, रेडियो बन्द कर दे।

[रमा प्लग उतार देती है।]

निवास : पंखा भी बन्द कर दे।

[रमा पंखा भी बन्द कर देती है।]

निवास : यह कोई बात है—बारह रुपये दस आने! मैं इनकी शिकायत करूँगा। ये लोग जरूर बदमाशी करते हैं।

[दरवाजे पर खट्-खट्।]

कान्ता : देख रमा, कौन है?

रमा : *(आवाज देकर)* कौन है?

[बाहर से आवाज :]

—जी मैं हूँ बिजलीघर का चपरासी।

रमा : *(दबी जबान से)* और बिल लाया है क्या?

निवास : ठहरो, मैं पूछता हूँ। यह क्या मजाक है? *(दरवाजा खोलकर)* क्यों भाई, यह क्या खेल है? एक बिल अभी देकर गया, और...

चपरासी : जी माफ कीजिए। साथ के घर का बिल भूल से यहाँ दे गया हूँ। वह वापस दे दीजिए। यह आपका बिल है—एक रुपया तीन आने।

मदन : *(झपटकर)* एक रुपया तीन आने? वाह! रमा, चला दे पंखा।

[रमा पंखा चला देती है।]

मदन : लगा दे रेडियो भी।

[रमा रेडियो भी लगा देती है!
रेडियो ज़ोर से बज उठता है—]
'यह दिल्ली है। अभी-अभी आप...'

[पर्दा गिरता है।]

स्वयंवर

पात्र

मधुकर : सर मुरलीधर का सेक्रेटरी
मिस रोज़ : सर मुरलीधर की बेटी करुणा की गवर्नेस
सर मुरलीधर : एक सनकी सरमायादार, जिसके मस्तिष्क में पूर्वी और पश्चिमी विचारों की खिचड़ी पका करती है।
दिवाकर : कवि
करुणा : सर मुरलीधर की बेटी
दत्ता : मनोवैज्ञानिक
मार्तंड : थानेदार
भुवनभास्कर पांडे : पत्र सम्पादक
कॉलेजों के विद्यार्थी
होटल का वेटर
होटल का मैनेजर

पहला दृश्य

[पर्दा उठने पर मुरलीधर का ड्राइंगरूम दिखाई देता है। कमरे की सजावट आधुनिक है, पर दीवारों पर राम, कृष्ण, लक्ष्मी और हनुमान के चित्र भी टँगे हैं। कमरा खाली है।]

[मधुकर का प्रवेश। उसके हाथ में अखबारों की फाइल है।]

मधुकर : *(फाइल को मेज पर पटककर)* वाह जी सेठ सर मुरलीधर, धन्य तुम्हारी चाकरी! नौकरी करते ही हम तो मधुकर से मधुखर हो गए। अब तीन साल में हमारा मधु भी निकल गया, और हम रह गए कोरे खर, वह भी बिना पूँछ के।

[सोफे पर गिरकर घंटी बजाता है। मिस रोज़ का प्रवेश।]

मिस रोज़ : ओ, मधुकर बाबू!

मधुकर : मधुकर नहीं, मधुखर बाबू!

मिस रोज़ : मैं समझी, डॉक्टर साहब आए हैं।

मधु. : क्यों, आज फिर डॉक्टर साहब को बुला भेजा है? सेठजी को गले में पानी ठंडा लगता है, या धूप में बैठने से पसीना आता है?

मिस रोज़ : *(मुस्कुराकर)* नहीं, बात यह है कि कल बिट्टी का दिल एक मिनट में अस्सी बार धड़कता था। आज एक मिनट में इक्यासी बार धड़क रहा है।

मधु. : अस्सी, इक्यासी, बयासी और फिस्। वहम्, डिलीरियम, हिस्टीरिया और हार्ट फेल!

मिस रोज़ : आप इन्हें समझाते क्यों नहीं, मधुकर बाबू?

मधु. : *(उठकर टहलते हुए)* मैं यहाँ पर नौकर हूँ मिस रोज़! और नौकर की कीमत है यह...

[जेब से निकालकर छेदवाला पैसा दिखाता है।]

मिस रोज़ : *(रसपूर्वक)* आपकी बहुत कीमत है मधुकर बाबू! आप नौजवान हैं, ग्रेजुएट हैं।

मधु. : नो, नो, नो, नो। न मैं नौजवान हूँ, न ग्रेजुएट। चार साल कॉलेज में रहकर नौजवान का बन गया था एक पुर्जा, यानी ग्रेजुएट। अब नौकरी की मशीन में फिट होकर, वह पुर्जा भी घिसकर गोल हो गया है।

[नेपथ्य में खाँसने की आवाज।]

मिस रोज़ : *(धीरे-से)* सेठजी!

[खाँसते हुए सर मुरलीधर का प्रवेश।]

सर मुरली. : मधुकर!

मधु. : जी, सेठजी!

सर मुरली. : *(बैठकर)* आज के अखबारों में अपना विज्ञापन निकल गया?

मधु. : जी, हाँ! मैं पूरी फाइल साथ लेता आया हूँ।

सर मुरली. : *(मिस रोज़ को देखकर)* तुम यहाँ क्या कर रही हो?

मिस रोज़ : जी...जी...

सर मुरली. : अच्छा, अन्दर जाओ। थर्मामीटर और स्टेथेस्कोप लगाकर बिट्टी का टेंपरेचर और पेल्पीटेशन देखो। अगर नॉर्मल हो, तो उसे घूमने चलने के लिए तैयार करो।

मिस रोज़ : जी। *(जाने लगती है)*

सर मुरली. : और देखो, उसे दो चम्मच ग्राइप वाटर पिलाकर ऊपर से तुलसी के दो पत्ते और थोड़ा-सा ठाकुरजी का चरणामृत दे दो।

मिस रोज़ : जी। *(जाने के लिए बढ़ती है)*

सर मुरधी. : मिस रोज!

मिस रोज़ : *(रुककर)* जी!

सर मुरधी. : कुछ नहीं।

[मिस रोज़ मुस्कुराहट दबाकर चली जाती है।]

सर मुरधी. : *(मधुकर से)* आज हमारी बिट्टी करुणा पूरे पन्द्रह साल ग्यारह महीने और अट्ठारह दिन की हो गई। धर्मशास्त्र के अनुसार सोलह वर्ष की कन्या को घर में कुमारी रखनेवाला पिता कुंभीपाक नरक में जाता है। इधर तुम्हारा कानून कहता है कि सोलह बरस से कम की कन्या का विवाह किया ही नहीं जा सकता। अब हमें केवल एक मुहूर्त मिलता है। परसों सायंकाल आठ बजे, ज्यों ही बिट्टी पूरे सोलह बरस की हो, त्यों ही उसका वाग्दान कर दिया जाए। ठीक है न?

मधु. : जी, बिल्कुल ठीक है।

सर मुरधी. : और इसके लिए हमारे विज्ञापन के उत्तर में जो लोग आएँ, उनमें से कुछ को चुनकर एक होटल में बुला लिया जाए। वहीं पर शास्त्रोक्त-विधि से स्वयंवर हो। बिट्टी जिसके गले में वरमाला डाल दे, वही उसका पति और मेरा उत्तराधिकारी! ठीक है न?

मधु. : जी, बहुत सुन्दर विचार है।

सर मुरधी. : विज्ञापन में लिख दिया था कि वर की अवस्था बीस बरस से अधिक नहीं होनी चाहिए, क्योंकि लड़की की आयु में चार वर्ष का अन्तर हो तो हाइजिनिक दृष्टिकोण से—वह क्या लिखा है, अंग्रेज डॉक्टर ने—एक तरह का गड़बड़झाला हो जाता है?

मधु. : जी, लिख दिया है।

सर मुरधी. : यह भी लिख दिया है कि बीस वर्ष का युवक न मिलने पर पच्चीस वर्ष के ब्रह्मचारी पर भी विचार किया जा सकता है,

क्योंकि धर्मशास्त्र के अनुसार पच्चीस वर्ष का ब्रह्मचारी ब्रह्मा के तुल्य होता है।

मधु. : जी, यह भी लिख दिया है।

सर मुरधी. : और क्या-क्या लिखा है, जरा सुनाओ तो।

मधु. : जी लिखा है—*(अखबार उठाकर पढ़ता है।)* वह सुन्दर हो, सुयोग्य हो, सुशील हो तथा सुचतुर हो। पूर्वी तथा पश्चिमी साहित्य का पंडित हो। शेष सबकुछ समान होने पर गौरवर्ण के कुमार को विशेषता दी जाएगी! अपने कद, वजन और आकार का परिचय देते हुए अपने कुल, गोत्र, वेद, ब्राह्मण, मंत्र इत्यादि का विवरण दीजिए। प्रार्थनापत्र के साथ यूनिवर्सिटी सर्टिफिकेट, सदाचारपत्र तथा मेडिकल सर्टिफिकेट का आना आवश्यक है। पता—सेठ सर मुरलीधर साहित्यालंकार, कपड़े के व्यापारी, चंद्रकला बिल्ला, क्वीन्स रोड, बम्बई।

[अखबार रख देता है।]

सर मुरधी. : एक बात रह गई।

मधु. : क्या?

सर मुरधी. : यह कि वर अच्छा खिलाड़ी हो, इसके अतिरिक्त हो सके तो नृत्यकला, शिल्पकला तथा चित्रकला में निपुण हो। साथ ही...

[दरवाजे पर खटखट।]

सर मुरधी. : कौन होगा?

मधु. : शायद कोई इंटरव्यू के लिए आया होगा। मैं देखता हूँ।

[उठकर दरवाजे की ओर जाता है। सर मुरली मेजपोश को जरा सँवारते हैं। दरवाजे से पोस्टमैन अन्दर आता है।]

पोस्टमैन : ये कुछ रजिस्टरी चिट्ठियाँ हैं सरकार!

सर मुरधी. : *(पोस्टमैन के प्रति उपेक्षा दिखलाकर)* ले लो मधुकर।

[मधुकर चिट्ठियाँ लेकर हस्ताक्षर कर देता है। पोस्टमैन सलाम करके चला जाता है। मधुकर चिट्ठियाँ सर मुरलीधर के पास लाता है।]

मधु. : मुझे तो सब एप्लिकेशन ही लगते हैं।

सर मुरधी. : *(उत्सुकतापूर्वक)* खोलकर पढ़ो तो। *(एक वजनी चिट्ठी निकाल कर मधुकर के हाथ में देता है।)*

मधु. : *(चिट्ठी खोलकर)* बड़ा मजेदार कागज है। *(थोड़ा खाँसकर पढ़ता है :)*

मान्यवर,

मैं आपकी सुकुमारी कन्या के लिए वर के रूप में अपनी सेवाएँ प्रस्तुत करता हूँ। मैं अधिक शिक्षित नहीं, रंग जरा साँवला है और मुख पर कुछ चेचक के दाग हैं। पर शेष सब गुण मुझमें हैं। मेरी आयु पच्चीस साल है। परिवार का ब्योरा इस प्रकार है : अपना नाम—कैलाश, पिता का नाम—गौरीशंकर, माता का नाम—कंचनजंघा, बहन का नाम—नंदादेवी हम सब हिमालय के रहनेवाले हैं। शेष बातों की जानकारी भी विस्तार से लिख रहा हूँ...

[मधुकर पढ़ते-पढ़ते अचानक रुक जाता है।]

सर मुरधी. : क्यों, रुक क्यों गए?

मधु. : जी, पढ़ता हूँ। आगे बहुत लम्बी सूची है :

जूते का साइज—सात
मोजे का साइज—दस
बनियाइन का साइज—छत्तीस *(छत्तीस की बनियाइन जरा ढीली आती है।)*
हैट का साइज—साढ़े सात
चश्मे का नम्बर—माइनस नौ *(यह नम्बर सन् पैंतालीस का है। इसके बाद फिर फ्रेम नहीं बदला।)*

सर मुरधी. : *(चिढ़कर)* छोड़ो-छोड़ो इसकी सूची। यह पढ़ो।

[दूसरी चिट्ठी निकालकर मधुकर के हाथ में देता है।]

मधु. : *(पहली चिट्ठी रखकर दूसरी चिट्ठी खोलते हुए)* कागज इसका भी अच्छा है। *(पढ़ता है :)*

मान्यवर,

मैं एक सिविल मिलिटरी टेलर हूँ। मेरी दुकान खूब चलती है। मेरी दुकान चलने का कारण है, सस्ती सिलाई। हम कमीज का डेढ़ रुपया, पतलून के तीन रुपए और कोट के पाँच रुपए लेते हैं। जनाना कपड़ा सीने का विशेष

प्रबन्ध है। आशा है, आप अपनी सुपुत्री का विवाह मेरे साथ करके मुझे अनुगृहीत करेंगे।

आपका—

मास्टर देवदत्त चंदूलिया

गली खक्खड़ावाली

गोरखपुर।

विशेष : यदि विवाह के लिए और कोई पात्र चुन लें, तो भी सारे कपड़े-लत्ते मेरे यहाँ से ही सिलवाइएगा। चाहें तो मैं और भी रियायत कर सकता हूँ।

[मधुकर पत्र रखकर कन्धे सिकोड़ता है।]

सर मुरधी. : *(नया पत्र देकर)* यह पढ़ो, किसी समझदार का लिखा लगता है।

मधु. : *(खोलते हुए)* कागज बहुत हल्का है। *(पढ़ता है :)*

श्री गोवर्द्धनजी की गोशाला

महाशय,

आपका विज्ञापन पढ़कर हृदय में वे हिलोरें उठीं कि क्या कहूँ। गो माता की सौगन्ध, मुझे तुरन्त लिखिए कि मैं किस गाड़ी से आऊँ, तथा पाणि-ग्रहण का मुहूर्त क्या होगा? मुझे आशा है कि इस शुभ अवसर पर हमारी गोशाला को सौ रुपए से कम चन्दा नहीं देंगे।

विनीत

भगवान दास जुनेजा

सेक्रेटरी

श्री गोवर्द्धनजी की गोशाला

[दरवाजे पर खट-खट।]

सर मुरली. : रखो इन सब चिट्ठियों को। देखो, कौन आया है!

[मधुकर उठकर दरवाजे के पास जाता है। कवि दिवाकर अन्दर आता है।]

दिवा. : यह सेठ सर मुरलीधर साहित्यालंकार का प्रासाद है न?

मधु. : जी हाँ। कहिए, क्या काम है?

दिवा. : आज उनके विज्ञापन ने कवि के हृदय की वीणा को छेड़ दिया है। *(चारों ओर देखकर)* अहा, कितना सुन्दर स्थान है! इसी

के सम्बन्ध में कवि की कल्पना ने लिखा था :

उदित ज्योतिमय किरण पुंज,
पुष्पित सुरभित लता कुंज,
मधुमय बसन्त,
गा रहा पथिक पथ पर अनन्त
कोकिल कल-कल,
सरिता छल-छल,
जल-थल जल-थल,
हल-चल हल-चल।

मधु. : सेठजी, यह महाशय शायद इंटरव्यू के लिए आए हैं।

सर मुरली. : आइए कविराज, बैठिए।

[दिवाकर कुर्सी को धोती के पल्ले से पोंछकर उस पर बैठ जाता है।]

सर मुरली. : मैं आपका परिचय जान सकता हूँ?

दिवा. : मेरा परिचय? मिट्टी का तन, मस्ती का मन, क्षण-भर जीवन मेरा परिचय। नाम से मैं कवि दिवाकर हूँ। दुनिया कहती है, कवि दिवाकर पागल है। मैं कहता हूँ सारा संसार पागल है, प्रेम रस में पागल। *(थोड़ा पिघलते हुए)* सेठजी, आज आपका विज्ञापन देखते ही, कवि के कोमल हृदय में शृंगार रस जाग उठा। कवि ने कहा :

जब होतीं तुम दूर, हृदय में उठते हैं तूफान बवंडर,
सौ-सौ उर के भाव निकलने को हो-हो जाते हैं आतुर,
सम्मुख तुमको देख, सभी कुछ...

[मिस रोज़ का प्रवेश]

मिस रोज़ : सेठजी, बिट्टी ने ग्राइप वाटर तो पी लिया है, पर वह तुलसी के पत्ते नहीं खाती। ठाकुरजी का चरणामृत भी नहीं पीती।

सर मुरली. : चरणामृत नहीं पीती? यह अपशकुन है। ठहरो, मैं जाकर पिलाता हूँ। *(दिवाकर से)* क्षमा कीजिए, मैं अभी आया।

[उठकर तत्परता से अन्दर चले जाते हैं।]

दिवा. : *(मिस रोज़ की ओर देखकर)* तो आप हैं कवि की कल्पना का आधार, कवि के स्वप्नों का चित्र—बैठिए, बैठिए!

[मधुकर मिस रोज़ को आँख से इशारा करता है। मिस रोज़ इशारा समझकर बैठ जाती है।]

दिवा. : वही रूप, वही रंग, वही लालित्य, वही सौष्ठव...

मैंने देखा था एक बार,
मधु में निर्झरिणी के तट पर
तू खेल रही थी लहरों से;
उठती थी झीनी-सी फुहार,
जैसे हो जल का तरल हास,
जैसे सरिता की नवल प्यास,
जैसे ताराओं का विहार—

मधु. : इसका छंद?

मिस रोज़ : इसका अर्थ?

मधु. : इसका शीर्षक?

दिवा. : छंद? अर्थ? शीर्षक? ये सब पुरानी बातें हैं। आज की कविता इन चीजों के पीछे नहीं चलती। इसमें केवल रस की अनुभूति वर्तमान है।

[अन्दर से सर मुरलीधर और करुणा का प्रवेश।]

सर मुरली. : अन्दर जाओ मिस रोज़, और बिट्टी के कपड़े ठीक करो।

मिस रोज़ : जी!

[उठकर मुस्कुराती हुई चली जाती है।]

दिवा. : तो आपका मतलब है...

सर मुरली. : वह है बिट्टी की गवर्नेस मिस रोज़। यह है मेरी बिट्टी करुणा।

[दिवाकर हाथ जोड़ता है। करुणा भी हाथ जोड़ देती है।]

दिवा. : करुणा—कितना सुन्दर नाम है। मुझे अपना छन्द याद आ रहा है : 'करुणा, तुम करुणा-सी दीन'।

करुणा : पिताजी, अभी आप यहीं बैठेंगे क्या?

सर मुरली. : हाँ बिट्टी, कुछ देर तो बैठना ही पड़ेगा।

करुणा : तो मैं घूमने अकेली जाऊँ? मधुकर बाबू, आप मेरे साथ चलिए।

सर मुरली. : मधुकर! मधुकर को तो बेटी...देखो, अभी मधुकर...

करुणा : मैं कहती हूँ, घर में बैठने से मेरी सेहत खराब हो जाएगी। आपको काम है तो मधुकर बाबू को मेरे साथ जाना पड़ेगा। चलिए, मधुकर बाबू!

[मधुकर आदेश के लिए सर मुरलीधर की ओर देखता है।]

सर मुरली. : *(अनिश्चयपूर्वक)* अच्छा, हो आओ। मेरी प्रतीक्षा करना। रहना चौपाटी के ही आसपास।

[करुणा मधुकर के साथ जाने लगती है।]

सर मुरली. : मधुकर!

मधु. : *(मुड़कर)* जी?

सर मुरली. : अच्छा, जाओ।

[करुणा और मधुकर चले जाते हैं।]

दिवा. : वह तो चली गई। मेरी कविता बीच में ही रह गई।

सर मुरली. : अब आप अपनी कविता पूरी कर लीजिए।

दिवा. : भावना के बिना शब्द और शब्दों के बिना छन्द कैसे बन सकते हैं, सेठ साहब?

सर मुरली. : *(कुछ उकताकर)* तो मुझे भी इजाजत दीजिए...

दिवा. : नहीं, नहीं, नहीं। मेरा यह मतलब नहीं था। कविता में अभी तीन, हीन, मीन, ...बीन—बज उठी मेरे उर की बीन—लीन, पीन, मीन...*(जेब से चारमीनार का सिगरेट निकालकर)* जरा यह सिगरेट सुलगा लूँ। *(माचिस निकालकर सुलगाता है। इसी समय करुणा क्रोध के आवेश में वापस आती है।)*

सर मुरली. : सैर के लिए नहीं गई, बिट्टी? तबियत खराब है क्या?

करुणा : सैर के लिए कैसे जाऊँ? बाहर जाने का तो रास्ता ही नहीं है।

सर मुरली. : रास्ता नहीं है? क्यों, कोई जलूस आ रहा है क्या?

[मधुकर का प्रवेश।]

मधु. : जी हाँ, यह जलूस आ रहा है। देखिए।

[मधुकर के पीछे-पीछे कई युवक प्रवेश करते हैं। कइयों के हाथों में फूलों के गुलदस्ते हैं। सर मुरलीधर पास आते हैं।]

मधु. : यह महाशय हैं साइकोलॉजिस्ट मिस्टर दत्ता।

दत्ता : *(सर मुरलीधर से हाथ मिलाकर, तपाक से)* हाऊ डू यू डू? हाऊ डू यू डू? *(सर मुरलीधर अपने हाथ को सहलाते हैं।)*

मधु. : और यह हैं कि मिस्टर मार्त्तंड, थानेदार, थ्री, टू, टू, सिक्स।

[सर मुरलीधर फिर हाथ जोड़ देते हैं।]

मधु. : यह हैं श्री भुवनभास्कर पांडे, पत्र-संपादक।

[सर मुरलीधर फिर हाथ जोड़ते हैं।]

मधु. : पीछे सब कॉलेजों के विद्यार्थी हैं।

[सर मुरलीधर मधुकर को एक ओर ले जाकर कान में बात करते हैं। तब तक जिनके हाथों में गुलदस्ते हैं, वे अपने-अपने गुलदस्ते लाकर करुणा के सामने मेज पर रखते हैं। दिवाकर गुलदस्ते में से फूल निकालकर सूँघता है। मधुकर सर मुरलीधर से बात करके एकत्रित समुदाय के पास आता है।]

मधु. : *(सबसे)* आप लोग अपनी-अपनी एप्लिकेशन छोड़ जाइए। जिन्हें सेठजी बुलाना चाहेंगे, उन्हें कल तक सूचित कर दिया जाएगा।

[सब लोग एप्लिकेशन निकालकर देते हैं। साइकोलॉजिस्ट दत्ता, कोट में, फिर कमीज में टटोलकर अन्त में पतलून की जेब से एप्लिकेशन निकालकर देता है। एक-एक करके सब चले जाते हैं, कवि दिवाकर पूर्ववत् अपने स्थान पर बैठा रहता है।]

मधु. : *(दिवाकर से)* कविराज, आप भी सिधारिए।

दिवा. : मैं भी? जाऊँ, सेठजी? जाऊँ, करुणा देवी? अच्छा, मैं घर जाकर करुणा महाकाव्य की रचना करूँगा। मैं आपको अमर कर दूँगा और स्वयं भी अमर हो जाऊँगा।

[चला जाता है।]

सर मुरली. : *(करुणा से)* चलो बिट्टी, अब हम घूमने चलें।

करुणा : *(सक्रोध उठकर)* आप घूम आइए। मेरे सिर में दर्द हो रहा है।

[अन्दर की ओर चलती है।]

सर मुरली. : सिर में दर्द हो रहा है? मैं तो पहले ही कहता था कि तबियत ठीक नहीं। मिस रोज़ डॉक्टर साहब को टेलिफोन करो...

[बोलते-बोलते करुणा के पीछे-पीछे अन्दर चले जाते हैं। मधुकर सोफे पर लेट जाता है।]

दूसरा दृश्य

[पर्दा उठने पर एक शहरी रेस्तराँ दिखाई देता है, जिसमें दाईं ओर की दीवार के पास काउंटर है। बीच में तीन मेज स्टेज के अग्रभाग की ओर रखी हैं, जिनके पीछे पाँच कुर्सियाँ अर्द्धचंद्राकार में पड़ी हैं। होटल का वेटर एक बड़ी प्लेट को पोंछ रहा है।]

[सर मुरलीधर और मधुकर का प्रवेश।]

सर मुरली. : अभी बजे हैं साढ़े सात। मुहूर्त है आठ बजे का।

[बीच की कुर्सी पर बैठ जाता है। मधुकर पास बैठता है। वेटर आकर मेज साफ करके आर्डर की प्रतीक्षा करता है।]

सर मुरली. : *(वेटर से)* पीने को क्या है?

वेटर : चाय, कॉफी, विम्टो, सोडा, लेमन, औरेंज, मिल्कशेक।

सर मुरली. : अभी दो औरेंज ले आओ।

वेटर : यस सर! *(चला जाता है।)*

सर मुरली. : *(मधुकर से)* कवि दिवाकर को भी बुलाया है न?

मधु. : जी, चौथा नाम उसी का है। थानेदार मार्त्तंड, साइकोलॉजिस्ट दत्ता, पत्र-सम्पादक भु. भा. पांडे...

सर मुरली. : भु. भा. पांडे?

मधु. : जी, यह भुवनभास्कर पांडे का संक्षिप्त रूप है।

सर मुरली. : अभी तक उन लोगों को आ जाना चाहिए था। *(पुकारकर)* वेटर!

वेटर : *(औरेंज के गिलास रखते हुए)* यस सर!

सर मुरली. : *(इधर-उधर देखकर)* यहाँ कोई ठाकुरजी का चित्र नहीं है?

वेटर : यह कौन-सा ड्रिंक है साहब? अपने यहाँ तो लैमन, विम्टो, सोडा...

सर मुरली. : अरे लैमन, विम्टो, सोडा नहीं, ठाकुरजी का चित्र। वह होता है। न, *(हाथ बनाकर)* ठाकुरजी का चित्र।

वेटर : कुछ मालूम नहीं साहब, आप कौन-सी डिश बोलते हैं। *(उसी तरह हाथ बनाकर)* इतना ऊँचा डिश तो किसी होटल में नहीं देखा। वैसे अपने यहाँ कबाब, पेस्ट्री, भजिया, दोशा, इडली, समोसा, पेटीज़...

सर मुरली. : अरे यह सब नहीं। जा, काम कर।

वेटर : यस सर! *(चला जाता है।)*

सर मुरली. : *(औरेंज पीते हुए)* अब स्वयंवर के समय ठाकुरजी का चित्र पास न हो तो स्वयंवर कैसे होगा? *(मधुकर से)* तुम एक काम करो।

मधु. : जी!

सर मुरली. : घर चले जाओ। बिट्टी करुणा से मैंने तो कहा था कि पुश्तैनी गहने शरीर पर पहनकर आठ बजने में पाँच मिनट रहते मिस रोज़ के साथ यहाँ पहुँच जाए। सम्पत्ति के सब कागजात भी लाने को कह दिया था। पर यह सब मैं अपने उत्तराधिकारी को आनन्द-कंद प्रभु के सामने ही सौंपना चाहता हूँ। तुम जल्दी से श्रीनाथजी का बड़ा चित्र घर से उठवा लाओ।

मधु. : जी! *(चलने लगता है।)*

सर मुरली. : और देखो...

मधु. : अच्छा, जाओ।

[निकलते समय मधुकर की दिवाकर से मुठभेड़ हो जाती है। मधुकर उसे मुँह बिचकाकर चला जाता है।]

दिवा. : धन्य हो सेठजी! आज देवी करुणा के स्वयंवर के शुभ प्रस्ताव से मुझे देवी दमयंती की याद आ रही है।

[सर मुरलीधर उठकर उसे पास बैठाते हैं।]

सर मुरली. : *(बैठते हुए)* क्यों कविराज, देवी दमयंती की याद क्यों आ रही है?

दिवा. : सेठजी, देवी दमयंती के स्वयंवर में देवता लोग राजा नल का रूप धारण करके आए थे। सोचता हूँ, देवी करुणा के स्वयंवर में कहीं देवता लोग कवि दिवाकर का रूप धारण करके न आ जाएँ।

सर मुरली. : अच्छा, पहले बताइए पीजिएगा क्या?

दिवा. : जी, कवि तो केवल भावना का रस ही पीता है—वैसे एक लेमनेड ले लेंगे।

सर मुरली. : वेटर!

वेटर : *(पास आकर)* यस सर!

सर मुरली. : एक लेमन।

वेटर : यस सर! *(चला जाता है।)*

सर मुरली. : आपका वह छन्द पूरा हुआ?

दिवा. : जी, वह छन्द तो देवी करुणा के सामने ही पूरा होगा। कहें तो पिछले सप्ताह की 'राष्ट्रभाषा स्तुति' सुनाऊँ?

[वेटर लेमन का गिलास लाकर रखता है। दिवाकर स्ट्रा से गिलास के पानी को घोलकर स्ट्रा निकाल देता है। फिर गिलास ऊँचा उठाकर एक घूँट गले में उँडेलता है।]

सर मुरली. : इस प्रकार क्यों पी रहे हैं, कविराज?

दिवा. : क्षमा कीजिए सेठजी! कवि काँच के पात्र का मुख से स्पर्श नहीं करता। कवि के होंठों पर सरस्वती रहती है और देवी सरस्वती का पात्र है...वह क्या नाम...आप तो जानते ही हैं।

[थानेदार मार्त्तंड, पत्र-संपादक भुवनभास्कर पांडे तथा साइकोलॉजिस्ट दत्ता एक-दूसरे के पीछे प्रवेश करते हैं। 'जय हिन्द', 'नमस्कार', 'हाऊ डू यू डू' के अनन्तर सब बैठ जाते हैं। अब सर मुरलीधर बीच में हैं। उनकी दाईं ओर क्रमशः दत्ता और मार्त्तंड हैं तथा बाईं ओर क्रमशः पांडे और दिवाकर हैं।]

सर मुरली. : वेटर!

वेटर : यस सर!

सर मुरली. : खाने को क्या-क्या है?

वेटर : जी, कबाब, पैटीज, चिवड़ा, इडली, समोसा, दोशा, लड्डू।

सर मुरली. : जो-जो हो, ले आओ। साथ पीने के लिए औरेंज।

दिवा. : मेरे लिए लेमनेड।

सर मुरली. : एक लेमन।

वेटर : यस सर!

[चला जाता है, और प्लेटें तथा गिलास ला-लाकर मेज पर सजाने लगता है। सब धीरे-धीरे खाना आरम्भ करते हैं।]

सर मुरली. : बिट्टी अभी आठ बजते-बजते यहाँ पहुँच जाएगी। तब तक आप लोग अपना-अपना विशद परिचय देने की कृपा करें।

[सबसे पहले वह दिवाकर की ओर देखते हैं।]

दिवा. : *(उठकर)* जी, मेरा नाम कवि दिवाकर है। सात साल की अवस्था में मैंने पहला छन्द कहा था। *(अपनी चादर के अन्दर से फटा पुराना रजिस्टर निकालकर)* यह मेरी रचनाओं का संग्रह है। इसमें दो काव्य, तीन खंडकाव्य, पैंतीस कविताएँ और सैकड़ों शीर्ष पंक्तियाँ लिखी हैं। लोक-समाचार में मेरे दो गद्यगीत छपे हैं। पिछले वर्ष मुझे लक्स टॉयलेट सोप की प्रशस्ति पर तीन रुपये पुरस्कार भी मिला था।

[बोलते समय वह औरों को खाते देखकर बीच-बीच में अपने लिए चीजें उठाकर हाथ में लेता जाता है, और अब बैठकर जल्दी-जल्दी खाने लगता है। सर मुरलीधर पांडे को संकेत करते हैं।]

पांडे : *(उठकर)* मैं लोक-समाचार का संपादक हूँ। *(दिवाकर की ओर संकेत करके)* इनके गद्यगीत मैंने ही काट-छाँटकर लोक-समाचार में छापे थे। पहले मैं इलाहाबाद में क्लीनर था। दिल्ली में रहकर तीन साल प्रूफरीडिंग की। अब दो साल से बम्बई में प्रधान संपादक के रूप में काम कर रहा हूँ।

[बैठ जाता है। सर मुरलीधर दत्ता को संकेत से बोलने के लिए कहते हैं।]

दत्ता : हमारे लिए हिन्दुस्तानी बोलना जरा डिफिकल्ट है। फिर भी हम ट्राई करेगा। हम शाइकोलोजिस्ट है। हम यह जानता है कि हर हिन्दुस्तानी को सेक्सपर्वर्शन की बीमारी है। हमने एक यूनिवर्सल सोशल सेक्सोलोजी का इन्साइक्लोपीडिया तैयार किया है। कीमत सिर्फ चार आने है। आप सबको एक-एक कॉपी लेना चाहिए। *(दो पृष्ठ का इन्साइक्लोपीडिया जेब से निकालकर)* इसमें सेक्स का सेंस और नोनसेंस सब लिखा है।

[बैठ जाता है। संकेत पाकर मार्त्तंड बोलने के लिए उठता है।]

मार्त्तंड : मैं अपने बारे में केवल इतना ही कहना चाहता हूँ कि मैंने आज तक तीन सौ सत्तर मोटरों का चालान किया है, कई कवियों, एडिटरों और प्रोफेसरों को जेल में भेजा है। दो-एक को फाँसी भी लगवाई है। इसी वजह से अब मेरा प्रमोशन होनेवाला है।

[दूर घड़ी में आठ बजते सुनाई देते हैं। कवि दिवाकर एक से आठ तक गिनता है।]

दिवा. : सेठजी, आठ तो बज गए। स्वयंवर का मुहूर्त निकला जा रहा है।

सर मुरली. : *(उद्विग्नतापूर्वक)* आठ बज गए। करुणा अभी तक क्यों नहीं आई? *(बेचैनी से उठकर)* मधुकर भी नहीं आया *(सबको लक्षित करके)* आप लोग कृपया बैठिए, मैं अभी आया।

[शीघ्रता से जाता है। वेटर बिल लेकर आता है। वह कवि दिवाकर के पास तश्तरी लेकर खड़ा होता है।]

दिवा. : *(अनदेखी करके शेष लोगों से)* आप लोग तो व्यर्थ ही यहाँ समय नष्ट कर रहे हैं। कवि को छोड़कर कामिनी और किसी का वरण नहीं कर सकती।

[वेटर तब तक बिल लेकर पांडे के पास आ जाता है।]

पांडे : *(अनदेखी करके)* कामिनी कविता को क्या चाटेगी? उसे चाहिए देश-देश में घूमा हुआ अनुभवी पुरुष।

[वेटर बिल लेकर दत्ता के पीछे खड़ा होता है।]

दत्ता : *(अनदेखी करके)* नो नो नो। आप लोगों ने अभी साइकोलोजी नहीं पढ़ी। वोमन मैन के अन्दर सेक्स-अपील देखती है। उस पॉइंट-आफ-व्यू से तो आप लोग...

[मुस्कुराकर अपनी दाढ़ी सहलाता है। वेटर बिल मार्त्तंड के पास मेज पर रखने लगता है, पर वह खाली स्थान पर अपनी कुहनी टिकाकर जगह घेर लेता है।]

मार्त्तंड : *(अनदेखी करके)* आप भी गलत कहते हैं। औरत उसे मानती है जो उसे अपने काबू में रख सके। और आपको मानना पड़ेगा कि काबू में रखना थानेदारी ही सिखाती है।

[वेटर निराश होकर बिल रख जाता है, और मेजों पर से प्लेटें उठाने लगता है।]

दिवा. : अब सब लोग चुप रहिए। श्रीमती मिस रोज़ आ रही हैं।

[मिस रोज़ का प्रवेश।]

दिवा. : आइए श्रीमती मिस रोज़!

मैं छन्द बनाऊँ रोज रोज़!
मैं गीत सुनाऊँ रोज रोज़!

वह सुकुमारी कुमारी करुणा देवी कहाँ हैं?

मिस रोज़ : मेसर्स, आइ एम वैरी सॉरी। डार्लिंग करुणा ने मधुकर बाबू के साथ ब्याह कर लिया।

[सब पर पानी पड़ जाता है।]

मार्त्तंड : *(सँभलकर)* मधुकर के साथ ब्याह कर लिया? और सेठजी?

मिस रोज़ : सेठजी यह खबर सुनकर बेहोश हो गए हैं। मैं डॉक्टर को बुलाने जा रही हूँ। आप लोगों को अब तकलीफ करने की जरूरत नहीं।

[चली जाती है। वेटर बिल लाकर दिवाकर के सामने रखता है।]

दिवा. : *(जेब से इलायचियाँ निकालकर तश्तरी में डालकर तश्तरी पांडे की ओर बढ़ाते हुए)* बड़ी विचित्र समस्या है। आपका क्या विचार है, संपादकजी?

पांडे : *(एक इलायची लेकर तश्तरी दत्ता की ओर बढ़ाते हुए)* हमारी तो कुछ समझ में ही नहीं आता। आपकी साइकोलॉजी क्या कहती है, प्रोफेसर साहब?

दत्ता : यह ऐसा प्रॉब्लम है कि साइकोलॉजी भी पजल्ड हो गई है।

[तश्तरी मार्त्तंड की ओर बढ़ाता है।]

मार्त्तंड : *(हटाकर)* जी, क्षमा कीजिए, मैं इलायची नहीं खाता।

दत्ता : *(पांडे से)* तो आप एक और लीजिए।

[तश्तरी उसके आगे रख देता है।]

पांडे : *(दिवाकर से)* अपनी इलायची आप ही खाइए।

[तश्तरी उठाकर उसके आगे रख देता है। वेटर इधर-उधर सबके पीछे घूमकर परेशान हो रहा है। अब वह दिवाकर की ओर घूरकर देखता है। दिवाकर एक प्लेट से हाथ में चटनी लगा लेता है, और तश्तरी से बिल उठाकर उससे हाथ की चटनी पोंछकर उसे फेंक देता है। होटल का मालिक क्रोध में उठकर आता है।]

मालिक : यह क्या मजाक है मिस्टर! बिल अदा करना है या हवालात में जाने की सलाह है?

मार्त्तंड : *(एकदम उठकर)* मैं देख रहा हूँ कि इन सबको हवालात में ही ले जाना पड़ेगा। *(मालिक से)* मैं हूँ थानेदार मार्त्तंड—थ्री टू टू सिक्स—कहिए, मैं आपकी क्या सहायता कर सकता हूँ?

मालिक : जी...जी...

मार्त्तंड : *(शेष तीनों से)* बोलिए, आप लोगों के पास पैसे हैं?

दिवा. : कवि का धन तो कविता ही है।

पांडे : हमारे पास अपनी पदवी है, और कुछ नहीं।

[मार्त्तंड उन तीनों को आँख के संकेत से चलने के लिए कहता है।]

मार्त्तंड : तो मेरे साथ सब हवालात चलिए।

[सब हटते झिझकते बाहर की ओर चलते हैं।]

मार्त्तंड : *(जाते-जाते दो पेस्ट्री और खाकर मालिक से)* शाम को आप भी थाने में हाजिरी दीजिएगा।

मालिक : जी, मैं?

मार्त्तंड : हाँ, हाँ। और साथ इस वेटर को भी लाइएगा।

[सबके साथ बाहर निकल जाता है। मालिक माथे पर हाथ धरकर बैठता है। वेटर उसका सिर दबाता है।]

[पर्दा गिरता है।]

कर्फ़्यू : एक
(ध्वनि नाटक)

[लाहौर की मालरोड। रीगल का बस स्टॉप। एक बजे दोपहर। पत्थर की बैंच पर एक संन्यासी बैठा है। साथ में झोला, हुक्का और कमंडल। खम्भे के पास एक युवक टहल रहा है।]

युवक : *(घड़ी देखता हुआ)* एक बस पौन बजे गुजरती है, दूसरी एक बजे।

[संन्यासी जरा खाँसता है।]

: क्यों बाबा, पहले कोई बस गई है?

संन्यासी : जरूर गई होगी, साहब। हमारे सामने नहीं गई। आधे घंटे से बैठे हैं। आ जाएगी, बैठ जाइए। *(अपनापन दिखलाकर)* जगह गरम है, टाट बिछा दें?

युवक : *(गम्भीरतापूर्वक)* नहीं। *(फिर टहलने लगता है)*।

संन्यासी : *(हुक्के का कश लगाकर)* बस की भी क्या सवारी है! *(जरा हँसकर)* बड़े-बड़े बाबू पीछे दौड़ते हैं, पर जगह नहीं मिलती। *(युवक से)* आपको कहाँ जाना है, सरकार?

[युवक उत्तर नहीं देता। संन्यासी उठकर उसके पास आ जाता है।]

संन्यासी : हम तो लाट साहब के दफ्तर जा रहे हैं। आप आगे जाएँगे?

युवक : *(धीरे-से)* कृष्णनगर।

संन्यासी : लगते तो वही दो आने हैं—कृष्णनगर उतरो, चाहे लाट साहब के दफ्तर। उस दिन कोई कह रहा था किराए घटनेवाले हैं। क्यों, ठीक है, जी?

युवक : *(उकताया-सा)* पता नहीं।

संन्यासी : *(बैंच पर बैठते हुए)* बैठ जाइए। क्या पता, कब आए! पतलून

के कारण बैठा नहीं जाता। हाँ, साहब, सरकारी पहनावा है!

[एक स्त्री आधुनिक वेशभूषा में, अपने पाँच-छः साल के बच्चे को साथ लिए आती है। वह असाधारण रूप से घबराई हुई है।]

स्त्री : *(युवक से)* क्यों जी, तीन नम्बर की बस चली गई?

युवक : *(शिष्टता दिखाते हुए)* अभी आनेवाली होगी।

स्त्री : *(कुछ शान्त होकर)* शुक्र है! मैं दो फर्लांग से दौड़ी आ रही हूँ। शहर में फिर दंगा हो गया।

युवक : *(चौंककर)* फिर दंगा हो गया?

स्त्री : आपको नहीं मालूम! वहाँ तो अभी तक खूनखराबा जारी है। देखते-देखते सारी बीडन रोड बन्द हो गई। बच्चे के लिए रेशमी मफलर लेना था, वह बीच में ही रह गया। बस, यह चार तौलिए लिए थे कि शोर मच गया। आजकल तो घर से निकलना बिल्कुल ठीक नहीं।

बच्चा : ममी, बोतल नहीं पिलाई?

स्त्री : बोतल, बेटा, घर चलकर पीना। *(युवक से)* मारे गरमी के बुरा हाल है। इतनी तेज धूप है, ऊपर से दंगाफसाद! यह बस जाने कब आएगी!

संन्यासी : *(हुक्का गुड़गुड़ाता हुआ)* क्यों, मेम साहब, तौलिए क्या भाव हैं?

स्त्री : तुझे इस समय तौलिए सूझते हैं? बहुत महँगे तौलिए हैं।

संन्यासी : हम भी भाव ही पूछ रहे हैं। अच्छा, दंगा किधर हुआ है? शहर में अपना एक भतीजा रहता है, पापड़ मंडी के आसपास।

युवक : *(उकताया-सा)* जा, बाबा, पहले भतीजे की खबर ले आ।

संन्यासी : दो साल का देखा था, साहब। अब तो बड़ा हो गया होगा। पिछली लड़ाई में घर से निकले महीना पहले आए हैं। *(कश लगाता है)*।

स्त्री : *(युवक से)* आप कितनी देर से खड़े हैं?

युवक : पाँच-सात मिनट हो गए।

संन्यासी : हमें बैठे आधा घंटा हो गया। *(युवक से)* क्यों, सरकार, लाट साहब का दफ्तर कितने बजे बन्द होता है?

युवक : *(क्रोध से)* डैम! ब्लडी!

संन्यासी : कितने बजे कहा, सरकार? यह सरकारी बोली समझ में नहीं आई।

युवक : वहाँ जाकर गवर्नर से मिलना है? *(घड़ी देखकर अपने आप)* लंच के समय घर पहुँच जाना चाहिए था। बस भी पहुँचने में पन्द्रह मिनट लगा देती है।

बच्चा : ममी, लाल बोतल ले दे।

संन्यासी : लाल बोतल! *(जरा हँसकर)* ह ह ह ह! बच्चा लाल बोतल का मतलब नहीं समझता। मेम साहब, क्या बजा है?

स्त्री : *(क्षुब्ध होकर)* ईडियट!

[दो नवयुवतियाँ आती हैं।]

एक नवयुवती : *(दूसरी से)* बेवकूफी की बातें मत करो, रेणु! यह समय मजाक करने का है?

रेणु : मेरी समझ में नहीं आता कि तू क्यों मोहन का पक्ष लेती है? साम्प्रदायिक दंगे के दिनों में वह घर बैठकर मधुबाला के गीत लिखता है। मैं भी मान लूँ जो तू कविता के पंखों पर बैठकर घर तक पहुँच जाए। अब बस न मिली तो सारी भावुकता धरी रह जाएगी। मेरी शील, तू स्वप्नलोक में रहना छोड़ दे।

संन्यासी : *(रेणु से)* बीबी, आपके पास घड़ी है?

रेणु : *(उपेक्षापूर्वक)* सवा बजा है।

युवक : *(अपने आप)* मेरी घड़ी में एक बजकर दस मिनट हुए हैं। यह रेडियो टाइम है।

स्त्री : बस तो आज आने में ही नहीं आती।

रेणु : *(स्त्री से)* आप चौबुर्जी जाएँगी?

स्त्री : नए कोट।

रेणु : हमें भी वही बस पकड़नी है।

संन्यासी : क्यों जी, लाट साहब के दफ्तर सब बसें जाती हैं?

[कोई उत्तर नहीं देता।]

संन्यासी : *(अपने आप)* जरूर जाती होंगी। बड़े लाट का दफ्तर है! *(जमीन से एक काला चश्मा उठाकर युवक से)* यह चश्मा, बाबूजी, आपका है?

शील : *(देखकर)* ओ, मेरे गॉगल्स!

संन्यासी : *(चश्मा शील को देता हुआ)* इसको क्या कहते हैं?

शील : *(चश्मा लेकर)* थैंक यू!

संन्यासी : नहीं, पहले आपने कुछ और नाम लिया था।

शील : *(मुस्कुराकर)* फनी!

संन्यासी : *(मुँह बनाकर)* बड़े नाम हैं!

रेणु : *(शील से)* देख, वह बस आ रही है।

स्त्री : *(उत्सुकतापूर्वक)* तीन नम्बर लगती है।

युवक : *(चश्मा ठीक करते हुए)* नहीं, दो नम्बर है।

रेणु : इस पर तो कोई नम्बर ही नहीं।

शील : वह उधर चली गई, वर्कशॉप को।

युवक : *(रूमाल हिलाकर हवा करता हुआ)* बड़ी गन्दी सर्विस है। बम्बई में तो हर तीन-चार मिनट के बाद बस मिल जाती है।

[नेपथ्य से धम्-धम् की आवाज सुनाई देती है।]

स्त्री : *(बच्चे का हाथ पकड़कर सहमी-सी)* क्यों जी, यह गोली की आवाज है?

शील : गोली की आवाज?

स्त्री : जरा ध्यान से सुनिए। सारे शहर में दंगा हो रहा है। आपको नहीं मालूम?

रेणु : हमने तो सुना है, केवल एक ही बाजार में झगड़ा हुआ है।

युवक : *(पास आकर)* जी नहीं। शहर-भर में जोर का दंगा हो रहा है। *(स्त्री से)* मुझे भी यह गोली की ही आवाज लगती है। पर गोली इस तरफ क्यों चल रही है?

शील : *(रेणु का हाथ पकड़कर)* रेणु, चल लौट चलें।

रेणु : श्यामा के घर? तू जा। मुझसे उसके उपदेश नहीं सुने जाते।

[दूर से शोर की आवाज आती है।]

स्त्री : *(और भी घबराकर)* सुनिए, यह शोर इधर को ही आ रहा है।

युवक : *(घबराकर)* लोग भागते हुए आ रहे हैं। चलिए, पिछली गली में छिप जाएँ। *(शीघ्रता से गली की ओर चला जाता है)।*

स्त्री : *(बच्चे को घसीटती हुई)* चल, रोहित, जल्दी चल। मेरी भी जान लेगा तू?

रोहित : *(चलता हुआ)* ममी, पैर में जूता काटता है।

स्त्री : उतारकर हाथ में ले ले! जल्दी कर, जल्दी।

[रोहित जूता उतारकर हाथ में ले लेता है। स्त्री फिर उसे खींचती है।]

रोहित : *(चलता-चलता)* ममी, एक जूता पीछे रह गया।

[स्त्री झपटकर गिरा हुआ जूता उठा लेती है। फिर रोहित को खींचकर ले जाती है।]

शील : अब क्या करना है, रेणु? चल, गली में हम भी छिप जाएँ।

रेणु : तू कॉलेज में तो एथलीट थी, अब बुजदिल हो गई? ठहर, मैं वह कार रोकती हूँ।

[रेणु हाथ देती है। कार सर्र से निकल जाती है।]

शील : रेणु, देख, दुनिया भाग रही है।

[दो-तीन आदमी भागते हुए निकलते हैं।]

रेणु : *(एक व्यक्ति से)* इधर क्या बात हुई है, भाई साहब!

[व्यक्ति बिना उत्तर दिए निकल जाता है।]

शील : *(रेणु का हाथ पकड़कर)* रेणु!

रेणु : ठहर, वह एक और कार आ रही है।

[रेणु फिर हाथ देती है। कार पास आकर रुक जाती है। एक नवयुवक चला रहा है। एक अधेड़ व्यक्ति साथ बैठा है।]

रेणु : *(पास आकर)* भाई साहब, आप हमें घर तक पहुँचा सकते हैं? सुना है, दंगा हो रहा है। हम दोनों यहाँ अकेली हैं। अभी कोई बस भी नहीं आ रही।

[दोनों एक-दूसरे का मुँह देखते हैं।]

नवयुवक : आपको कहाँ जाना है?

रेणु : चौबुर्जी।

अधेड़ : पर हम तो मॉडल टाउन जा रहे हैं।

नवयुवक : क्या हर्ज है, चाचाजी, हम उधर से होकर भी जा सकते हैं। यहाँ पर इनकी जान को खतरा है।

[अधेड़ अर्द्धसहमत होकर सिर हिलाता है।]

नवयुवक : *(रेणु से)* आ जाइए आप।

रेणु : आपको बहुत-बहुत धन्यवाद! आपको तकलीफ तो बहुत होगी।

नवयुवक : कोई बात नहीं। इन्सान की जान खतरे में छोड़ जाना पाप है। आइए, पीछे बैठिए।

रेणु : बड़ी मेहरबानी। आ, शील।

[रेणु और शील पिछली सीट पर बैठ जाती हैं। नवयुवक मोटर चलाने लगता है।]

संन्यासी : बाबूजी!

नवयुवक : क्यों, क्या है?

संन्यासी : हमें लाट साहब के दफ्तर जाना है।

नवयुवक : *(मोटर चलाकर)* सीधी सड़क जाती है। आगे से बाएँ हाथ को मुड़कर पूछ लेना।

[कार चली जाती है।]

संन्यासी : *(आकाश की ओर देखकर)* वाह रे तेरी माया!

[नेपथ्य में शोर बढ़ जाता है। फिर दो-चार व्यक्ति शीघ्रता से निकलते हैं। एक मियाँ की फटी हुई जेब से कुछ पैसे गिर जाते हैं। वह रुककर पैसे ढूँढ़ने लगता है।]

संन्यासी : *(संकेत करके)* एक चवन्नी उधर है, मियाँजी! कहाँ हो रहा है दंगा?

मियाँ : शहर में कहते हैं।

संन्यासी : इधर लोग क्यों इस तरह भाग रहे हैं?

मियाँ : कुछ ठीक मालूम नहीं।

संन्यासी : आप भी तो भाग रहे हैं।

मियाँ : बाबा, और सब भागनेवाले कोई बेवकूफ थोड़े ही हैं! कोई खतरे की ही बात होगी। *(शीघ्रता से जाने लगता है)*।

संन्यासी : मियाँजी, उधर से आए हो; कोई बस तो नहीं आ रही?

मियाँ : *(जाते हुए)* पीछे आप देख लें, बाबा।

[मियाँ चला जाता है। नेपथ्य में शोर पहले से कुछ कम हो रहा है। दो व्यक्ति बदहवास-से बस स्टॉप के पास आते हैं।]

पहला व्यक्ति : बाबा, बस चल रही हैं?

संन्यासी : एक उधर को गई है धरम प्राण। इधरवाली अभी नहीं आई।

पहला व्यक्ति : कितनी देर से बैठे हो?

संन्यासी : कोई आधा घंटा हो गया।

पहला व्यक्ति : *(अपने साथी से)* देखा, कहते थे कि गोली चल गई। मैं तो पहले ही जानता था कि मुनादी की आवाज है।

दूसरा व्यक्ति : खैर, आपको मान लिया, लालाजी। भागे आप बहुत तेज। पहनी भी आपने धोती थी, मेरी तो पतलून ढीली हो गई।

लाला : *(कुछ गर्वित-सा)* पिछले साल मैं हर रोज लॉरेंस बाग में दौड़ा करता था। आदमी को हर तरह से तैयार रहना चाहिए। *(धीरे-से)* क्यों, शर्मा साहब, पास में कोई हथियार तो नहीं है?

शर्मा : मेरे पास? फल काटने का एक चाकू जेब में पड़ा है।

लाला : *(और भी धीरे-से)* यहीं कहीं फेंक दीजिए। क्या पता तलाशी-वलाशी होने लगे।

शर्मा : *(भयभीत-सा)* किस तरफ फेंकूँ?

लाला : *(इधर-उधर देखकर)* उस कोने में जाकर गली की तरफ फेंक दीजिए।

[शर्मा गली की तरफ जाता है।]

शर्मा : *(जेब में हाथ डालकर)* कोई देख तो नहीं रहा?

लाला : नहीं। लोग अभी दूर हैं।

[शर्मा चाकू गली की तरफ फेंककर शीघ्रता से आ जाता है। गली की ओर से स्त्री की चीख सुनाई देती है।]

लाला : *(घबराकर)* बाबा, उधर कौन लोग हैं?

संन्यासी : दो नम्बर और तीन नम्बर।

लाला : पुलिस के आदमी?

[लाला और शर्मा का रंग फक हो जाता है।]

संन्यासी : नहीं, जी, बस की सवारियाँ हैं।

[गली की ओर से युवक ही डरी हुई आवाज आती है।]

युवक : क्यों, बाबा, पत्थर चल रहे हैं?

संन्यासी : *(पुकारकर)* नहीं, सरकार आ जाइए। लालाजी ने अपना

हथियार फेंका है।

[युवक दुबकता हुआ निकलकर आता है।]

युवक : *(लाला से)* आपने हथियार फेंका है?

लाला : नहीं। आपको गलतफहमी हुई साहब। हमारे पास तो कोई हथियार नहीं। चाहे तलाशी ले लीजिए।

युवक : *(अपनी ही धुन में)* आज तो बड़ी मुश्किल में जान आ पड़ी।

लाला : *(आराम की साँस लेकर)* तो आप भी भागनेवालों में से ही हैं?

युवक : जी, नहीं। मैं लंच के लिए घर जा रहा था। मेरा घर कृष्णनगर में है।

लाला : हमें भी वहीं जाना है। यहीं आ जाइए। माल रोड पर फिलहाल कोई खतरा नहीं।

[रोहित चाकू हाथ में लेकर भागता हुआ आता है।]

रोहित : *(नाचता हुआ)* ममी, यह देख चाकू!

[स्त्री घबराई हुई पीछे से आकर उसकी बाँह पकड़ती है।]

स्त्री : चल भी, रोहित! आज तू मेरी जान ही लेगा?

युवक : *(स्त्री से)* डरिए नहीं। बलवा खत्म हो गया है।

लाला : इधर तो कोई बलवाई नहीं आए।

युवक : गोली तो चल रही थी।

लाला : वह गोली नहीं, मुनादी थी।

स्त्री : मुनादी! मेरी तो जान ही निकल गई थी। *(रोहित से)* इधर चल, बेटा! बस आ रही होगी।

रोहित : ममी, मैं यह चाकू ले लूँ?

स्त्री : ले ले, बाबा! पहले तू चल तो सही। ला इधर, मुझे दे, पर्स में रख लूँ। घर चलकर ले लेना। *(चाकू लेकर पर्स में रखती हुई जैसे व्यथित-सी)* इसे तो हर जगह खेल ही सूझता है।

[एक सरदार अपनी पत्नी के साथ जल्दी-जल्दी आता है।]

सरदार : *(पत्नी से)* अब भी ठुमक-ठुमककर चल रही है? जब भी तुझे साथ लेकर निकलता हूँ, कोई-न-कोई मुसीबत खड़ी हो जाती है। पिछली बार आँधी आई थी, अबके दंगा हो गया।

पत्नी : मैंने कब कहा था मुझे साथ लेकर चलो? आप ही कहते थे

शरीफ आदमी बिना बीवी को साथ लिए किसी के घर नहीं जाते। न चलूँ तो गँवार, अनपढ़; चलूँ तो मुसीबत। तुम्हें तो मेरी जान ही बुरी लगती है।

सरदार : अब चुप भी कर। राह-चलते भी झगड़ने लगती है।

पत्नी : मैं कहती हूँ ताँगा ले लो। मुनादीवाले कह रहे थे जल्दी से घरों में पहुँच जाओ।

सरदार : तेरे तो कान बोलते हैं। मुनादीवाले कह रहे थे कि भागो नहीं, शहर में अमन होता जा रहा है। कुछ सुना भी है?

लाला : *(पास आकर)* सरदारजी, कहाँ सुनी है आपने मुनादी?

सरदार : जी, पास से नहीं सुनी। दूर से आवाज आ रही थी।

लाला : आवाज आपने भी ठीक से नहीं सुनी। वह कह रहे थे कि मेवा मंडी...

शर्मा : मेवा मंडी नहीं, अकबरी मंडी।

लाला : अकबरी मंडी में कई आदमी आग में जल गए।

शर्मा : आदमी नहीं, कई मकान आग में जल गए।

लाला : दोनों बातें होंगी।

युवक : *(आगे आकर)* पर वह ऐसी मुनादी तो कर ही नहीं सकते। यह कानूनन अपराध है।

लाला : *(मुँह लटकाकर)* तो कोई और बात होगी। मुनादी हो जरूर रही थी।

शर्मा : बीच में अकबरी मंडी का नाम भी जरूर था।

स. की पत्नी : *(सरदार से)* आज बस कोई नहीं आएगी। कहीं से ताँगा ले लो।

सरदार : *(झुँझलाकर)* ताँगा-वाँगा है कहाँ? इधर भी सड़क खाली है, उधर भी।

संन्यासी : आधे घंटे से कोई भी ताँगा नहीं आया।

स्त्री : *(संन्यासी से)* बाबा, वह दो लड़कियाँ कैसे चली गईं?

संन्यासी : मोटर में चढ़कर।

स्त्री : हाय, तीन नम्बर की बस चली गई?

संन्यासी : बस नहीं, छोटी मोटर आई थी। बाबू उनको बैठाकर ले गए। हमको नहीं ले गए।

स्त्री : *(ईर्ष्या के साथ)* वह कोई उनकी जान-पहचानवाले थे?

संन्यासी : थे तो नहीं। अब जाते-जाते हो गए होंगे।

स्त्री : मुझे तो वह लड़कियाँ देखने में ही वैसी लगती थीं।

संन्यासी : हाँजी, पढ़े-लिखे लोग ही पढ़े-लिखों को पहचानते हैं।

[स्त्री खिसियानी-सी हो जाती है। नेपथ्य से मुनादी के नगाड़े की आवाज सुनाई देती है।]

लाला : लीजिए, मुनादी सुनिए।

[नेपथ्य से मुनादीवाले की आवाज सुनाई देती है।]

मुनादीवाला : सुनिए, साहबान! बहुक्म जनाब डिप्टी कमिश्नर साहब बहादुर, लाहौर, मुंदरजाज़ैल इलाकों में फसादात की वजह से आज दोपहर बारह बजे से कल सुबह नौ बजे तक कर्फ़्यू ऑर्डर जारी रहेगा।

लाला : आज बारह बजे से?

युवक : ठहरिए, सुन लेने दीजिए।

मुनादीवाला : अंदरून शहर, ग्वाल मंडी और निस्बत रोड। इनके अलावा राम नगर, सन्त नगर, कृष्ण नगर, चौबुर्जी, नया कोट...

स्त्री : हाय, नए कोट में भी लग गया?

शर्मा : सुनिए, सुनिए!

मुनादीवाला : मुजंग और चेयरिंग क्रॉस से नीचे माल रोड। इन सब इलाकों में आज दो बजे से...

सब : *(एकदम)* दो बजे से!

शर्मा : यह तो बिल्कुल अंधेर है।

लाला : तो फिर घर कैसे पहुँचेंगे?

स. की पत्नी : कहती थी, ताँगा ले लो।

[अपूर्ण]

कफ़्र्यू : दो

(ध्वनि नाटक)

पात्र

एक संन्यासी, एक युवक,
एक स्त्री और उसका बच्चा रोहित,
रेणु और शीला दो लड़कियाँ,
पहली कारवाला नवयुवक
और उसका साथी वृद्ध,
एक मियाँ, लालाजी, और शर्माजी,
सरदार साहब और उनकी पत्नी,
मुनादीवाला, एक सन्तरी
और टैक्सीवाला।

काल—जून, 1947

स्थान : लाहौर, रीगल सिनेमा के पास का बस स्टॉप।

[दो-एक कारों के गुज़रने की आवाज़]

प्रवक्ता की आवाज़ : लाहौर, जून उन्नीस सौ सैंतालीस रीगल सिनेमा के पास का बस स्टॉप।

[हुक्का गुड़गुड़ाने का शब्द। फिर संन्यासी के खाँसने का शब्द। फिर पैरों की आहट सुनाई देती है।]

युवक : *(पास आकर)* क्यों महात्मा जी, अभी दो नम्बर की बस तो नहीं गई?

संन्यासी : कह नहीं सकते साहब! हमारे सामने नहीं गई, हम आध घंटे से बैठे हैं। आ जाएगी, बैठ जाइए। *(अपनापन दिखलाकर)*

जगह गरम है, टाट बिछा दें? गरमी के दिनों में ये पत्थर के बेंच इस तरह तपने लगते हैं कि क्या कहा जाए!

युवक : नहीं कोई ज़रूरत नहीं। *(अपने आपसे)* एक बस सवा बजे गुज़रती है और दूसरी डेढ़ बजे। पहली तो अब तक चली जानी चाहिए थी।

संन्यासी : *(हुक्का गुड़गुड़ाकर)* बस की भी क्या सवारी है! *(जरा हँसकर)* बड़े-बड़े बाबू पीछे दौड़ते हैं पर जगह नहीं मिलती। *(कुछ रुककर)* आपको कहाँ जाना है सरकार?

[युवक उत्तर नहीं देता।]

संन्यासी : हम तो लाट साहब के दफ़्तर उतरेंगे। आप आगे जाएँगे?

युवक : *(गम्भीरतापूर्वक)* मुझे कृष्णनगर जाना है।

संन्यासी : लगते तो वही दो आने हैं, कृष्णनगर उतरो चाहे लाट साहब के दफ़्तर। उस दिन कोई कह रहा था कि किराया घटनेवाला है। क्यों, ठीक है जी?

युवक : *(उकताये स्वर में)* मुझे नहीं पता बाबा जी!

संन्यासी : बैठ जाइए। क्या पता कितनी देर में आए? *(फिर ज़रा हँसकर)* अच्छा, हाँ! पतलून की वजह से बैठना मुश्किल है! अंग्रेज़ ने भी क्या चीज़ बनाई है पहनने की!

[कुछ दूर से एक स्त्री की आवाज़ सुनाई देती है...''घर पहुँच ले। देखना पापा से किस तरह पिटवाती हूँ? कहना ही नहीं मानता! कह रही हूँ रोहित, ठीक तरह चल, नहीं तो आज तेरा वह हाल करवाऊँगी कि याद करेगा!'' क्रमशः आवाज़ निकट आ जाती है।]

स्त्री : ओह, क्या मुसीबत है। *(युवक से)* क्यों भाई साहब, तीन नम्बर की बस चली गई?

युवक : *(भद्रतापूर्वक)* जी, मेरा ख्याल है अभी नहीं गई, शायद आने ही वाली है!

स्त्री : *(कुछ आश्वस्त स्वर में)* थैंक गॉड! मैं दो फ़र्लांग से दौड़ी आ रही हूँ। शहर में फिर दंगा शुरू हो गया है।

युवक : फिर दंगा शुरू हो गया?

स्त्री : आपको नहीं मालूम? कई बाज़ारों में खूनखराबी चल रही है। देखते-देखते सारी बीडन रोड बन्द हो गई। मुझे बच्चे के लिए

रेशमी मफ़लर लेना था, वह बीच में ही रह गया। बस ये चार तौलिये ही लिए थे कि शोर मच गया। आजकल तो घर से बाहर जाना ही ठीक नहीं।

बच्चा : *(शिकायत के स्वर में)* मम्मी, हमें बोतल नहीं पिलाई!

स्त्री : बोतल बेटा, अब घर चलकर पीना। *(युवक से)* एक तो मारे गरमी के बुरा हाल है। बच्चा भी क्या करे? इतनी कड़ाके की धूप पड़ रही है और ऊपर से यह दंगा-फ़साद। अब बस जाने कितनी देर तक आएगी!

संन्यासी : *(हुक्का गुड़गुड़ाकर)* मेम साहब, ये तौलिये किस भाव के हैं।

स्त्री : *(तिरस्कारपूर्ण स्वर में)* तुझे बाबा, इस समय तौलिये सूझ रहे हैं? *(फिर जैसे कुछ उदारता के साथ)* चौबीस रुपये दर्जन के तौलिये हैं। महँगाई की कोई हद है?

संन्यासी : चीज़ अच्छी है। पैसे भी अच्छे लिए हैं उसने। अच्छा, मेम साहब, दंगा किधर हुआ है? शहर में अपना एक भतीजा रहता है, पापड़ मंडी के आस-पास।

युवक : *(उकताये स्वर से)* जा बाबा, पहले जाकर उसकी खबर ले आ।

संन्यासी : अब तो पहचाना भी नहीं जाएगा साहब! पिछली लड़ाई के दिनों के घर से निकले, दो दिन पहले यहाँ लौटकर आए हैं। फिर संसार के झंझट एक बार छोड़ दिए सो छोड़ दिए। *(हुक्के का क़श लगाता है।)*

स्त्री : *(युवक से)* आप कितनी देर से खड़े हैं?

युवक : पाँच-सात मिनट हो गए।

संन्यासी : हमको बैठे आधा घंटा हो गया *(युवक से)* क्यों सरकार, लाट साहब का दफ़्तर कितने बजे बन्द होता है?

युवक : *(क्रोध के साथ)* ईडियट!

संन्यासी : कितने बजे कहा सरकार?

युवक : क्यों जाकर गवर्नर से मिलना है? *(फिर जैसे अपने आपसे)* ओह एक-पाँच हो गए। बस बहुत लेट हो गई।

बच्चा : मम्मी, मैं लाल बोतल पिऊँगा।

संन्यासी : *(ज़रा हँसकर)* हहह! लाल बोतल पिएगा? लाल बोतल का मतलब पता है?

स्त्री : *(ज़रा तल्ख़ होकर)* बाबा, जरा तमीज़ से बात कर। बच्चे से इस तरह का मज़ाक किया जाता है?

[दूर से दो लड़कियों की बातचीत का स्वर क्रमशः पास की ओर आता है।]

लड़की-एक : कई लोग खड़े हैं, इसका मतलब है कि बस अभी नहीं गई।

लड़की-दो : हो सकता है कि ये लोग दो नम्बर की इन्तज़ार कर रहे हों।

लड़की-एक : *(पास आकर युवक से)* भाई साहब, आप किस बस की इन्तज़ार कर रहे हैं?

युवक : जी, दो नम्बर की।

लड़की-एक : *(स्त्री से)* और आप बहन जी?

स्त्री : तीन नम्बर की।

लड़की-एक : हमें भी तीन नम्बर पकड़नी है।

संन्यासी : क्यों जी, लाट साहब के दफ़्तर किस नम्बर की बस जाती है? *(किसी के उत्तर न देने पर अपने आप)* सभी जाती होंगी। बड़े लाट का दफ़्तर है!

लड़की-एक : मैं कहती हूँ रेणु, कि अब हमें सीधे घर ही चलना चाहिए। रमेश से मैंने डेढ़ बजे घर आने के लिए कह रखा है। आज उससे कुछ कविताएँ सुनने की बात थी।

रेणु : भई, मुझसे उसकी कविताएँ नहीं सुनी जातीं। वास्तविकता की दुनिया से दूर न जाने वह किस कल्पना की दुनिया में रहता है! तुम सुन लेती हो क्योंकि वह तुमसे...

शीला : *(ज़रा दबे स्वर में)* चुप रह रेणु! लोग सुन रहे हैं।

रेणु : सुनने दो। मैं कहती हूँ...

शीला : *(चुप कराने के स्वर में)* रेणु!

संन्यासी : यह चश्मा बीबी जी, आपका गिरा है?

रेणु : ओह, मेरे गॉगल्ज़!

शीला : देख रेणु बस आ रही है।

स्त्री : तीन नम्बर की लगती है।

युवक : मेरा ख्याल है दो नम्बर है।

रेणु : पर इस पर तो कोई नम्बर ही नहीं है।

शीला : वह उधर चली गई वर्कशॉप को।

युवक : बड़ी गन्दी सर्विस है। बम्बई में हर तीन-चार मिनट के बाद बस मिल जाती है।

[दूर धम्-धम् की अस्पष्ट-सी आवाज़ सुनाई देती है।]

स्त्री : *(सहमे स्वर में)* क्यों जी, यह गोली की आवाज़ है?

शीला : नहीं! गोली की आवाज़ तो नहीं है।

स्त्री : ज़रा ध्यान से सुनिए। शहर में दंगा हो रहा है। आपने नहीं सुना?

रेणु : हमने तो सुना है कि एक ही बाज़ार में कुछ झगड़ा हुआ है।

युवक : जी नहीं! सुना है कि सारे शहर में ज़ोर का दंगा हो रहा है। मुझे भी यह गोली चलने की ही आवाज़ लगती है।

शीला : चल रेणु, लौट चलें।

रेणु : कहाँ, श्यामा के घर? तुम चली जाओ। मुझसे बैठकर उसके उपदेश नहीं सुने जाते।

[दूर से कुछ भगदड़ का शब्द सुनाई देता है।]

रेणु : *(घबराए हुए स्वर में)* सुनिए, शोर बढ़ रहा है।

युवक : *(अस्थिरतापूर्वक)* देखिए, लोग भागते हुए आ रहे हैं। चलिए उस पिछली गली में छिप जाएँ।

[जल्दी-जल्दी जाने का शब्द।]

रेणु : जल्दी चल रोहित! जल्दी कर।

[बच्चे को घसीटकर ले चलती है।]

रोहित : *(चलता हुआ)* मम्मी, जूता पैर में काटता है।

रेणु : उतारकर हाथ में ले ले। जल्दी कर।

रोहित : मम्मी, एक जूता पीछे रह गया है।

रेणु : तू आज मेरी जान लेगा। उठा जूता। चल।

शीला : अब क्या करें रेणु! चल, हम भी गली में छिप जाएँ।

रेणु : कॉलेज के दिनों में तू एथलीट थी, अब बुज़दिल हो गई?

[दूर से एक कार आने का शब्द।]

: ठहर, मैं वह कार रोकती हूँ।

[कार के बिना रुके निकल जाने का शब्द।]

शीला : *(अस्थिर स्वर में)* रेणु, देख दुनिया भाग रही है।

[कुछ लोगों के भागते हुए निकलने का शब्द।]

रेणु : इनसे पूछा जाए कि इधर क्या बात हुई है। *(किसी से)* क्यों भाई साहब, इधर भी दंगा शुरू हो गया है क्या?

[कोई उत्तर नहीं मिलता।]

शीला : ज़रूर कुछ हुआ है रेणु। लोग जवाब देने के लिए भी नहीं रुकना चाहते।

रेणु : देख वह एक और कार आ रही है। मैं हाथ देती हूँ।

[कार पास आकर रुक जाती है।]

रेणु : भाई साहब, आप हमें लिफ़्ट दे सकते हैं? सुना है इधर भी दंगा शुरू हो गया है। हम दोनों अकेली हैं, बस कोई आ नहीं रही।

कार में बैठा नवयुवक : आपको कहाँ जाना है?

रेणु : चौबुर्जी। हम आपका बहुत अहसान मानेंगी।

कार में बैठा वृद्ध : पर हम तो मॉडल टाउन जा रहे हैं।

नवयुवक : क्या हर्ज़ है अंकल। हम उधर से होकर जा सकते हैं। यहाँ इनकी जान को खतरा है। *(रेणु से)* आइए, बैठ जाइए।

रेणु : बहुत-बहुत धन्यवाद। आपको हमारी वजह से कष्ट तो होगा।

नवयुवक : इसमें कष्ट की कोई बात नहीं जी। मनुष्य की जान खतरे में छोड़ जाना पाप है। आप आगे आ जाइए।

रेणु : बैठ शील!

[कार के दरवाज़े खुलने और बन्द होने का शब्द।]

संन्यासी : बाबू जी!

नवयुवक : क्या है?

संन्यासी : बाबू जी, हमें लाटसाहब के दफ़्तर जाना है।

नवयुवक : सीधी सड़क जाती है। आगे से बाएँ हाथ को मुड़कर किसी से पूछ लेना।

[कार स्टार्ट होकर चली जाती है।]

संन्यासी : वाह रे नीली छतरीवाले, तेरी माया!

[शोर कुछ बढ़ता है। कुछ लोग भागते हुए निकलते हैं। एक गिरकर कुछ चोट खा जाता है। उसकी जेब से कुछ पैसे भी गिरकर इधर-उधर बिखर जाते हैं।]

अधेड़ व्यक्ति : या अल्लाह!

संन्यासी : ज्यादा चोट तो नहीं आई, मियाँ जी? यह देखिए एक चवन्नी इधर गिरी है। एक दुअन्नी वह रही। क्यों मियाँ जी, किस जगह दंगा हो रहा है?

मियाँ : पता नहीं। सुना है शहर में कहीं शुरू हुआ है।

संन्यासी : फिर इधर लोग इस तरह क्यों भाग रहे हैं?

मियाँ : मालूम नहीं। लोग पीछे से भागते आ रहे थे...

संन्यासी : आप भी तो भाग रहे हैं न?

मियाँ : अरे भाई, सब लोग जो भाग रहे हैं। कोई खतरे की ही बात होगी।

संन्यासी : मियाँ जी, भागिए नहीं, यहीं ठहर जाइए। अभी बस आ जाएगी।

मियाँ : वह देख बाबा, दो आदमी और भागते हुए आ रहे हैं। इस वक्त यहाँ रुकना ठीक नहीं। *(भागता हुआ चला जाता है)*।

संन्यासी : हूँ! सचमुच बस ने देर ही कर दी। कोई बात नहीं। पहुँचाएगी फिर भी पहले ही। आदमी और मशीन का क्या मुकाबला।

[दो व्यक्ति भागते हुए वहाँ आते हैं।]

एक : *(हाँफता हुआ)* ओह! दम फूल गया।

दूसरा : अब बस मिल जाए तो बात है! क्यों बाबा, बसें चल रही हैं?

संन्यासी : थोड़ी देर हुई एक उधर को गई है धर्म-प्राण! इधरवाली अभी नहीं आई।

पहला : कितनी देर से बैठे हो?

संन्यासी : आधा घंटा हो गया।

पहला : अब आने ही वाली होगी।

दूसरा : देखा, कहते थे गोली चल रही है। मैं पहले ही जानता था कि यह मुनादी की आवाज़ है।

पहला : खैर आपको मान लिया लाला जी! भागे आप बहुत तेज़। पहनी भी आपने धोती थी, मेरी तो पतलून ढीली हो गई।

लाला : *(कुछ गर्वित भाव से)* पिछले साल मैं हर रोज़ सबेरे लारेंस बाग़ में दौड़ लगाया करता था। आदमी को ज़िन्दगी में हर चीज़ के लिए तैयार रहना चाहिए। *(कुछ रुककर ज़रा धीमे स्वर में)* क्यों शर्मा साहब, पास में कोई हथियार तो नहीं है?

शर्मा : *(उसी तरह दबे स्वर में)* मेरे पास? फल काटने का एक चाकू जेब में पड़ा है।

लाला : *(और भी धीमे स्वर में)* यही कहीं फेंक दीजिए। क्या पता तलाशी-वलाशी होने लगे?

शर्मा : *(डरकर)* किस तरफ फेंकूँ?

लाला : उधर जाकर गली की तरफ फेंक दीजिए।

शर्मा : *(कुछ दूर से)* फेंक दूँ? कोई देख तो नहीं रहा?

लाला : नहीं लोग अभी दूर हैं।

[चाकू के फेंके जाने पर उधर से स्त्री की चीख सुनाई देती है।]

लाला : *(घबराकर)* बाबा जी, उधर कौन लोग हैं?

संन्यासी : जी, एक दो नम्बरवाला है। दो तीन नम्बरवाले हैं।

लाला : *(और भी घबराए स्वर में)* पुलिस के सिपाही हैं?

संन्यासी : नहीं धर्मप्राण, बस की सवारियाँ हैं।

[दूर से युवक की आवाज़ सुनाई देती है, "बाबा जी, पत्थर चल रहे हैं?"]

संन्यासी : *(दूर सुनाते हुए)* पत्थर नहीं है सरकार। इन लाला जी ने अपना हथियार फेंका है। आ जाइए अभी कोई ख़तरा नहीं है।

युवक : *(निकट आता हुआ)* किसने हथियार फेंका है।

शर्मा : *(घबराए स्वर में)* इनको ग़लतफ़हमी हुई है भाई साहब। हमने कोई हथियार नहीं फेंका।

युवक : *(अपने आपसे)* आज तो बड़ी मुश्किल में जान फँस गई।

लाला : *(कुछ आश्वस्त स्वर में)* आप भी भागकर आ रहे हैं?

युवक : जी नहीं। मैं लंच के लिए घर जा रहा हूँ। मुझे कृष्णनगर की बस पकड़नी है।

लाला : हमको भी कृष्णनगर ही जाना है। अभी बस आ जाएगी। मालरोड पर फ़िलहाल कोई ख़तरा नहीं है।

[दूर से स्त्री की आवाज़ सुनाई देती है, "इधर ला चाकू। फेंक! फेंक! सुनता है कि नहीं रोहित! सुन।"]

रोहित : *(रोहित भागकर इधर को आता हुआ)* हम नहीं देंगे चाकू। हम यह चाकू अपने पास रखेंगे।

स्त्री : *(उसके पीछे आती हुई)* इधर आ रोहित! सुनता है या नहीं?

युवक : डरिए नहीं बहन जी! इधर आ जाइए, बलवा निकल गया है।

लाला : पर इधर तो कोई बलवाई नहीं आए।

युवक : दूर से गोली चलने की आवाज़ तो आ रही थी।

लाला : वह गोली चलने की नहीं, मुनादी की आवाज़ थी।

स्त्री : मुनादी की आवाज़ थी? मेरी तो सुनकर जान ही निकल गई थी। रोहित, चाकू फेंक दे, बेटा ऐसी चीज़ से नहीं खेलते! हाथ-वाथ कट जाता है।

रोहित : हम नहीं फेंकेंगे, हम यह चाकू घर ले जाएँगे।

स्त्री : ले चल बाबा! पर अपने हाथ से छोड़ दे। ला इधर मुझे दे, मैं पर्स में रख लूँ। घर चलकर ले लेना। हाँ! ऐसे कहा मानते हैं। बड़ा अच्छा बेटा है। *(फिर जैसे दूसरों के सामने व्याख्या करती हुई)* बच्चे को तो हर जगह खेल ही सूझता है।

शर्मा : जी, यह चाकू मैं...

लाला : *(बहुत दबे स्वर में)* चुप रहिए शर्मा साहब! जाने दीजिए।

[निम्नलिखित बातचीत करते हुए एक सरदार साहब और उनकी पत्नी कुछ दूर से आते हैं।]

सरदार : अब भी ठुमक-ठुमककर चल रही है? जब भी तुझे साथ लेकर निकलता हूँ, कोई-न-कोई मुसीबत खड़ी हो जाती है। पिछली बार आँधी आ गई थी, अबकी बार दंगा हो गया।

स्त्री : मैंने कब कहा था कि मुझे साथ लेकर चलो? आप ही कहते थे कि बिना बीवी को लिए किसी के घर खाना खाने जाएँ तो लोग बुरा मानते हैं। मेरी तो दोनों तरफ मुसीबत है। न चलूँ तो गँवार अनपढ़, और चल पढ़ूँ तो डाँट-डपट।

सरदार : अब चुप भी कर, रास्ता चलते झगड़ने लगती है।

पत्नी : मैं कहती हूँ ताँगा ले लो। मुनादीवाला कह रहा था कि जल्दी से घरों में पहुँच जाओ।

सरदार : तेरे तो कान बोलते हैं। मुनादीवाला कह रहा था कि भागो नहीं शहर में अमन हो गया है।

लाला : सरदार साहब, आपने मुनादी कहाँ सुनी है?

सरदार : जी, पास से नहीं सुनी! दूर से आवाज़ आ रही थी।

लाला : आपने भी आवाज़ ठीक से नहीं सुनी। मुनादीवाला कह रहा था कि मेवा मंडी में...

शर्मा : *(बीच में काटकर)* मेवा मण्डी में नहीं अकबरी मंडी में...

लाला : हाँ, अकबरी मंडी में कई आदमी आग में जल गए हैं...

शर्मा : *(फिर बात काटकर)* आदमी नहीं, कई मकान आग में जल गए हैं!

लाला : दोनों ही बातें होंगी।

युवक : पर ऐसी मुनादी तो की ही नहीं जा सकती। वह कानून की नज़र में अपराध है।

लाला : *(ज़रा लटके हुए स्वर में)* तो कोई और बात होगी। मुनादी हो ज़रूर रही थी।

शर्मा : बीच में अकबरी मंडी का नाम भी ज़रूर था।

लाला : आग लगने लगाने की बात भी थी।

सरदार की पत्नी : मैं कहती हूँ ताँगा ले लो। आज कोई बस नहीं आएगी।

सरदार : *(झुँझलाए स्वर में)* पर ताँगा कोई हो भी। सारी सड़क खाली पड़ी है।

संन्यासी : हमने आधे घंटे से एक भी ताँगा नहीं देखा।

स्त्री : बाबा, वे दो लड़कियाँ कैसे चली गईं?

संन्यासी : जी, मोटर में बैठकर गई हैं।

स्त्री : हाय; तीन नम्बर की बस चली गई?

संन्यासी : जी नहीं, एक छोटी मोटर आई थी। बाबू उनको बिठाकर ले गए। हमको नहीं ले गए।

स्त्री : वे उनकी जान-पहचान के थे?

संन्यासी : थे तो नहीं। अब हो जाएँगे। पढ़े-लिखों में जान-पहचान होते क्या देर लगती है?

[मुनादी के नगाड़े की धम्-धम् निकट आने लगती है। इधर सब अपनी-अपनी बात कह रहे हैं।]

स्त्री : वे लड़कियाँ मुझे देखने में ही वैसी लगती थीं।

सरदार की पत्नी : आज जाने किस वक्त घर पहुँचेंगे?

सरदार : अजब मुसीबत में जान फँसी है।

रोहित : अम्मी, बोतल कब पिलाओगी?

युवक : एक मिनट चुप रहिए। ज़रा मुनादी सुन लेने दीजिए।

[सब चुप कर जाते हैं। कुछ दूर से मुनादीवाले की आवाज़ सुनाई देती है, "बहुक्म जनाब डिप्टी कमिश्नर साहब

बहादुर लाहौर, मुन्दर्जा ज़ैल इलाकों में फ़सादात की वजह से आज दोपहर बारह बजे से कल सुबह नौ बजे तक कर्फ़्यू ऑर्डर जारी रहेगा...''

[सब फिर अपनी-अपनी कहने लगते हैं। इससे मुनादी के शब्द ठीक सुनाई नहीं देते।]

लाला : इसका मतलब है शहर में काफ़ी कुछ हुआ है।

शर्मा : आज घर पहुँच जाएँ, तो ग़नीमत है।

स्त्री : कहती थी रोहित आज ज़िद न कर, फिर किसी दिन ले चलूँगी।

युवक : ठहरिए, सुन तो लेने दीजिए!

[इस बीच मुनादी चल रही है, ''शहर के अन्दर का सारा इलाका, रेलवे रोड, ग्वालमंडी और निस्बत रोड।'' सबके चुप कर जाने पर मुनादी का शेष भाग सुनाई देता है। ''इनके इलावा रामनगर, सन्तनगर, कृष्णनगर, चौबुर्जी, नया कोट...'']

स्त्री : *(फिर बीच में)* हाय नए कोट में भी लग गया।

युवक : सुन तो लीजिए।

[मुनादी चल रही है। ''मुजंग और चेयरिंग क्रास के नीचे माल रोड—इन सब इलाकों में आज दो बजे से कल सुबह नौ बजे तक कर्फ़्यू ऑर्डर जारी रहेगा। इन सब इलाकों में दफ़ा एक सौ चवालीस भी नाफ़िज़ रहेगी।'' परन्तु दो बजे ये शब्द सुनने के बाद ही इन लोगों में बातचीत आरम्भ हो जाती है।]

युवक सरदार तथा लाला : *(एकसाथ)* दो बजे से?

शर्मा : यह तो अंधेर है।

युवक : आगे तो सुनिए!

[परन्तु केवल धम्-धम् का शब्द सुनाई देता है जो क्रमशः दूर होता जाता है।]

सरदार की पत्नी : मैंने कहा नहीं था कि ताँगा ले लो।

सरदार : *(क्रोध के साथ)* ताँगा था वहाँ, जो ले लेता?

स्त्री : *(रोहित को झिड़ककर)* गले पड़ गया कम्बख्त कि आज ही रेशमी मफ़लर लूँगा। अब ले ले रेशमी मफ़लर। साथ ही मम्मी की जान भी ले ले।

संन्यासी : क्यों जी, क्या लाट साहब के दफ़्तर भी लग गया?

युवक : *(चिढ़कर)* हाँ बाबा, लग गया लाट साहब के दफ़्तर भी।

संन्यासी : *(दार्शनिक स्वर में)* आधा घंटा यूँही बैठे!

स्त्री : क्यों जी, अब क्या होगा? बस नहीं आएगी?

सरदार की पत्नी : अब घर कैसे पहुँचेंगे?

सरदार : वह एक संतरी आ रहा है। उससे पूछते हैं। *(आवाज़ देकर)* संतरी साहब!

युवक-लाला शर्मा : *(एकसाथ)* संतरी साहब!

संतरी : *(निकट आता हुआ)* आप लोग यहाँ क्यों जमा हैं? पता है कर्फ़्यू का वक्त हो रहा है?

लाला : जनाब, हम लोग बस की राह देख रहे हैं। सब कृष्णनगर की सवारियाँ हैं।

स्त्री : जी नहीं, हमको नए कोट जाना है।

सरदार : हम यतीमखाने जा रहे हैं।

संन्यासी : हमें लाल साहब के दफ़्तर उतरना है।

संतरी : जहाँ जाना है चले जाओ। बस सर्विस बन्द कर दी गई है।

[सबके मुख से आश्चर्य और निराशापूर्वक 'ओह' की ध्वनि निकलती है]

स्त्री : हे ईश्वर, अब क्या होगा? कहती थी रोहित, न चल! अब और ले तू रेशमी मफ़लर!

संतरी : चले जाओ, नहीं दो बजे सब गिरफ़्तार कर लिए जाओगे।

संन्यासी : क्यों हज़ूर, साधु-महात्माओं को भी छूट नहीं?

संतरी : सरकारी कानून है, किसी को छूट नहीं।

संन्यासी : जानवर घूम लेते हैं सरकार। साधु-महात्माओं का कुछ तो ख्याल होना चाहिए।

सरदार : पर संतरी साहब, इतनी जल्दी हम लोग किस तरह घर जा सकते हैं?

संतरी : यह सोचना आप लोगों का काम है, मेरा काम नहीं।

[चला जाता है।]

लाला : क्यों सरदार जी, अब क्या करें?

सरदार : मैं आपसे पूछनेवाला था।

युवक : अब तो पैदल भी नहीं पहुँच सकते।

स्त्री : इतने खतरे में पैदल जाया भी कैसे जा सकता है? मेरे साथ बच्चा है, सामान है...

सरदार : वह देखो, एक टैक्सी आ रही है।

[दूर से एक टैक्सी के निकट आने का शब्द—युवक लाला और शर्मा 'टैक्सी' कहकर आवाज़ देते हैं।]

सरदार : क्यों भाई, टैक्सी खाली है?

टैक्सीवाला : खाली है साहब! चलना हो तो बैठिए।

लाला : *(संकोच के साथ)* बैठिए सरदार साहिब!

सरदार : आप लोग बैठिए। हम भी...पीछे बैठ जाएँगे।

शर्मा : *(युवक)* चलिए बैठिए भाई साहिब! आपको कृष्णनगर जाना है।

युवक : *(स्त्री से)* बैठिए बहन जी!

स्त्री : मैं भी बैठ जाऊँगी। पहले आप लोग तो बैठें।

संन्यासी : लो, हम पहले बैठ जाते हैं। जल्दी पहुँचने की बात है। पहले क्या और पीछे क्या! *(टैक्सी का दरवाज़ा खोलकर बैठता हुआ)* बैठे-बैठे हुक्का भी ठंडा हो गया!

टैक्सीवाला : जल्दी से सब लोग बैठ जाइए, और पच्चीस रुपये किराया पेशगी दे दीजिए।

[सबके मुख से फिर हताशासूचक ध्वनि निकल पड़ती है।]

सरदार : कितने रुपये घंटा?

युवक : कितने आने मील?

टैक्सीवाला : इस वक्त घंटे मील का हिसाब नहीं है साहब! चलना हो तो जल्दी कीजिए वर्ना मैं टैक्सी ले जाऊँ।

युवक : एक बजकर चालीस मिनट हो गए हैं।

लाला : आपके पास कुछ पैसे हैं शर्मा साहब! मेरी जेब में तो कुल आठ ही आने हैं।

शर्मा : मेरा बटुवा कोट की जेब में है और कोट मैं पहनकर नहीं आया। भाई साहब से पूछो।

लाला : आपके पास भाई साहब?

युवक : *(खिसियाना-सा)* जी, मेरे पास तो बस का किराया है।

लाला : सरदार साहब, आपके पास...

सरदार : जी, मेरे पास दो रुपये हैं।

स्त्री : *(अपने आप)* मैं अपना हिस्सा दे सकती हूँ—चार और बच्चे के दो—कुल छः रुपये।

लाला : सब मिलाकर कितने हुए?

युवक : आठ रुपये दस आने।

लाला : क्यों भाई, आठ रुपये दस आने में चलेगा? तीन आदमियों को कृष्णनगर उतारकर बाकी लोगों को नए कोट की तरफ ले जाना।

टैक्सीवाला : नहीं साहब—*(संन्यासी से)* उतर जाओ बाबा जी!

संन्यासी : क्यों, उतर क्यों जाएँ?

टैक्सीवाला : आगे आकर बैठ तो गए, पर जेब में पैसे भी हैं?

संन्यासी : पैसे नहीं तो क्या यूँ ही बैठ गए हैं।

टैक्सीवाला : साढ़े सोलह रुपये हैं?

संन्यासी : साढ़े सोलह रुपये क्यों?

टैक्सीवाला : क्यों-क्यों कुछ नहीं। साढ़े सोलह रुपये नहीं हैं तो उतर जाओ। अभी पुलिस की गाड़ी आएगी। उसमें बैठकर हवालात चले जाना।

संन्यासी : *(असमंजसपूर्ण स्वर में)* धर लिए आज! इतने रुपये पता नहीं गाँठ में निकलेंगे भी कि नहीं?

टैक्सीवाला : नहीं निकलेंगे तो गाड़ी खाली कर दो। जल्दी करो।

संन्यासी : ठहर भाई! देख तो लें।...गाँठ भी कमंडलु में ही फँस गई।

[शेष लोगों में उत्सुकता की हलचल।]

शर्मा : महात्मा जी, गाँठ तो बहुत मोटी है!

संन्यासी : महाराज, सब सिक्के ही सिक्के हैं ज्यादा तो इकन्नियाँ ही होंगी। सब आप जैसे महापुरुषों का दान है।

लाला : है कोई पन्द्रह-बीस रुपये की रेज़गारी।

संन्यासी : आज तक जो बचा है सो यही है धर्मप्राण! गिने लेते हैं। इतने तो शायद निकल ही आएँगे।...अरे! माचिस की डिबिया थी एक, जाने कहाँ गिर गई?

[एक-एक रुपये की रेज़गारी गिनकर रखने लगता है। इस बीच में दूसरे लोग बातचीत करते हैं।]

लाला : *(तत्परतापूर्वक)* देखना यहाँ कहीं महात्मा जी की माचिस की डिबिया तो नहीं गिरी?

शर्मा : *(उसी तरह तत्परतापूर्वक)* नहीं इधर तो कहीं नहीं है।

युवक : इधर बेंच के पीछे न गिरी हो। ठहरिए मैं देखता हूँ।...नहीं इधर तो नहीं है।

रोहित : माचिस की डिबिया हमारे पास है। हमने वहाँ से उठाई थी।

स्त्री : दे दे उनकी माचिस की डिबिया। तूने क्यों उठाई?

[उससे छीनने लगती है। रोहित 'हम नहीं देंगे' कहता हुआ रोता है।]

संन्यासी : रहने दो मेम साहब। बच्चा है! खेलने दो। बैठिए सब लोग। इतने पैसे तो निकल ही आएँगे।

['आइए' 'बैठिए' 'चलिए' आदि शब्दों के साथ सब लोग टैक्सी में बैठते हैं।]

स्त्री : तू मेरी गोद में बैठ रोहित! ऐसे! अब उनकी माचिस की डिबिया दे दे।

[उससे छीनती है। रोहित फिर कुनमुनाता है।]

स्त्री : तुझसे कितनी बार कहा है कि किसी की चीज़ नहीं लेते। दे उनकी डिबिया दे। छोड़। *(डिबिया छीन लेती है। रोहित रोने लगता है।)*

स्त्री : यह लीजिए जी, उन्हें उनकी माचिस की डिबिया दे दीजिए।

[टैक्सी स्टार्ट होती है।]

संन्यासी : रहने दो मेम साहब, बच्चा खेल रहा है, खेलने दो।

स्त्री : नहीं जी, घर में खेलने के लिए उसकी अपनी चीज़ें नहीं हैं? बच्चा दूसरे की चीज क्यों ले? आप रखिए माचिस की डिबिया, उसे नहीं चाहिए।...खामखाह ज़रा-सी चीज़ के लिए दूसरे का अहसान...है...

[बच्चा मचलता रहता है। टैक्सी की आवाज़ क्रमशः दूर चली जाती है।]

[पर्दा गिरता है।]

प्रतीक्षा

पात्र

वृद्धा : देहाती स्त्री जिसका बेटा युद्ध में गया है।
मन्नी : वृद्धा की नवयौवना बेटी
राजी : एक पड़ोसिन
दीनू : एक पड़ोसी कुम्हार
दो शरणार्थी लड़कियाँ
मानिक : *(कल्पनारूप)* वृद्धा का बेटा, जो युद्ध में गया है।

पहला दृश्य

[पर्दा उठने पर देहात के घर का आँगन दिखाई देता है, जो अँधेरा और सीलनदार है। आँगन के बीच में फटी हुई चटाई बिछ रही है। एक ओर दो-एक मिट्टी के बर्तन पड़े हैं। बाईं ओर लकड़ी का टूटा हुआ दरवाजा है। फ़र्श की मिट्टी जहाँ-तहाँ उखड़ रही है।]

[वृद्धा चटाई पर बैठी हुई चर्खे से सूत कात रही है। मन्नी पास ही चुपचाप बैठी है। दो क्षण निःस्तब्धता में चर्खे का 'घूँ-घूँ' स्वर सुनाई देता है। फिर मन्नी उठकर बाईं ओर के दरवाजे से बाहर झाँकती है।]

मन्नी : *(देखती हुई अपने आप)* अँ...अँ...अँ...अभी नहीं आया।

[वृद्धा एक बार मन्नी की ओर देखकर फिर व्यस्तता से सूत कातने लगती है।]

मन्नी : *(कुछ क्षण रुककर)* वो...वो...तो *(एकदम)* वह आ गया माँ! आज भैया की चिट्ठी ज़रूर आई होगी। *(बाहर निकल जाती है।)*

[वृद्धा सूत कातना छोड़, एक ठंडी साँस ले उत्सुकतापूर्वक दरवाजे की ओर देखने लगती है। कुछ क्षण निःस्तब्धता रहती है। फिर मन्नी निराश और थकी-सी चुपचाप वापस आती है।]

वृद्धा : *(निराश उत्सुकता से)* वह आया री?

मन्नी : आया है, माँ! पर भैया की चिट्ठी नहीं आई।

[आँखों में पानी भर आता है।]

वृद्धा : पूछा तूने?

मन्नी : पूछा है माँ! दीनू का लिफ़ाफ़ा था, चौधरी का कार्ड। मन्नी की माँ के नाम कुछ नहीं था।

वृद्धा : *(लम्बी साँस छोड़कर)* अपना भाग है और क्या?

मन्नी : अगले मंगल को चिट्ठी ज़रूर आएगी, माँ! मेरा दिल कहता है।

वृद्धा : तेरा दिल तो हर मंगल को कहता है, बेटी। ऐसे ही सब मंगल निकल जाते हैं। जाने परमेश्वर की क्या करनी है?

मन्नी : पहली चिट्ठी को पूरे तीन महीने हो गए, माँ! भैया ने लिखा था कि वे ब्रम्मा की लड़ाई पर जा रहे हैं। *(कुछ रुककर)* लड़ाई से समय नहीं मिला होगा।

वृद्धा : क्या जाने।

मन्नी : यह ब्रम्मा कितनी दूर है, माँ?

वृद्धा : क्या मालूम? कोसों होगा।

मन्नी : रेल से जाते हैं?

वृद्धा : मानिक बताता था, जहाज जाता है पानीवाला।

मन्नी : चिट्ठी भी उस जहाज में आती होगी, माँ?

वृद्धा : उसी में आती होगी, और उड़कर थोड़े आएगी?

वृद्धा : *(कुछ सोचकर)* पर माँ, अगर चिट्ठीवाला जहाज डूब गया हो, तो?

वृद्धा : *(काँपकर)* नहीं नहीं, ऐसा नहीं हो सकता। जहाज बहुत बड़े-बड़े होते हैं, वे नहीं डूबते। कलकत्ते के समुन्दर में, मानिक ने कहा था न, एक इतना बड़ा जहाज था जितना बड़ा शहर का चिड़ियाघर है।

मन्नी : पर माँ, चौधरी तो खबर सुनाता है कि रोज कई-कई जहाज डूब जाते हैं।

वृद्धा : *(फिर काँपकर)* सुनने-सुनाने की बात और है। चौधरी को घर बैठे क्या पता? जहाज तो उसने कभी देखा भी नहीं।

मन्नी : क्या पता माँ, भैया इधर से चिट्ठी की राह देखते हों।

वृद्धा : मैं चिट्ठी कहाँ लिखाऊँ? पता भी तो हो। *(कुछ रुककर)* मैं तो कहती हूँ जहाज नहीं डूब सकते। डूब जाते हों, तो सरकार फौजों को उन पर क्यों भेजे?

मन्नी : तो माँ, अगले मंगल को चिट्ठी ज़रूर आएगी।

वृद्धा : *(अनाश्वस्त स्वर में)* देखो! *(व्यस्तता से सूत कातने लगती है। मन्नी कुछ क्षण चुपचाप बैठी रहकर, फिर लेट जाती है।)* —मन्नी की माँ!

[मन्नी एकदम उठकर बैठ जाती है। वृद्धा बाहर की ओर देखती है।]

वृद्धा : आ, राजी!

[पड़ोसिन राजी प्रवेश करती है। वह एक पत्तल लपेटकर आँचल में बाँधे हुए है।]

वृद्धा : *(पीढ़ा देकर)* बैठ, बहन!

[राजी बैठ जाती है।]

राजी : कोई चिट्ठी-पत्री आई?

वृद्धा : चिट्ठी कहाँ राजी! इस लड़ाई का कुछ समझ नहीं पड़ता। राजी- खुशी ही लिख दे तो दिल को शान्ति रहे।

राजी : लड़ाई के तो खेल ही निराले हैं। देख, धन्नो का ब्याह है, लाख सिर पटके, पर चीजें जैसे सब वलायत चली गईं। दुगुने-चौगुने देकर भी कुछ पल्ले नहीं पड़ता। चार तोले सोना देना है, पर इतने दाम कौन दे? कहते हैं, शहर में नकली सोना आया है, दो रुपये तोला।

वृद्धा : नकली सोना?

मन्नी : दो रुपये तोला?

राजी : सुना ही है। वे कहते थे अगर मिला तो दो तोले यह असली दे देंगे, और दो तोले नकली डाल देंगे। *(रुककर)* मानिक की

चिट्ठी को आए तीन महीने से ऊपर हो गए।

मन्नी : नहीं, पूरे तीन महीने हुए हैं।

राजी : चौधरी कहता है ब्रम्मा में लड़ाई बड़े जोर की हो रही है। हर रोज हजारों जानें चली जाती हैं।

वृद्धा : सब सुने की बातें हैं। चौधरी ने कौन-सा वहाँ जाकर देखा है? यहाँ बैठे लोग हजार बात कह लें, पर लड़ाई का हाल तो लड़ाई वाले ही जानते हैं। मानिक आकर सच्ची बात बताएगा।

मन्नी : भैया आ जाएँ, तो फिर लड़ाई पर मत भेजना माँ! इतनी दूर से चिट्ठी भी नहीं आती।

राजी : चिट्ठी तो आती है। मेरे मायके गाँव का एक लड़का गया था। इतना होनहार, खूबसूरत—बस बिल्कुल तुम्हारे मानिक जैसा, हर महीने घर चिट्ठी भेजता था। उस दिन सरकारी चिट्ठी आई कि चल बसा। माँ बेचारी रो-रोकर बावली हो गई। लड़ाई में जीने- मरने का कोई पता नहीं रहता?

[वृद्धा सिर से पैर तक काँप जाती है।]

मन्नी : वह कहाँ की लड़ाई में गया था?

राजी : लाल समुन्दर के आगे गया था, बड़ी वलायत में। अभी पिछले महीने अपने हाथ से चिट्ठी लिखी थी।

वृद्धा : *(झूठ-मूठ आश्वस्त होकर)* बड़ी वलायत की बात दूसरी है। मेरा मानिक तो ब्रम्मा में है।

राजी : बेचारा घर आए जल्दी। मन्नी के भी हाथ पीले करे। सब सहेलियाँ इसकी चली गईं। धन्नो अभी बैसाख में चली जाएगी। दो ही महीने में सबकुछ करना धरना है। वे सारा शहर ढूँढ़ आए, पर कहीं पाँच गज मलमल नहीं मिली। तू बता, उसके लिए कोई घर नहीं देखा?

[मन्नी तुनककर अन्दर चली जाती है।]

वृद्धा : घर क्या देखना है, राजी, मानिक आए तो कुछ हो भी। जानती है, लोगों के हाथ बढ़े हुए हैं।

राजी : करनेवाली तो तू ही है। चौदह की तो हो गई। गाँव में और भी कोई चौदह की रही है, मेरी धन्नो को अभी तेरहवाँ है, ससुराल वालों के चार खेत हैं, सो सुख से रहेगी। तू कहीं देखभाल कर।

वृद्धा : घर भी तो मुँह को आते हैं, बहन! यहाँ किसका मुँह है? मुँहवाला तो दूर बैठा है। *(ठंडी साँस लेती है।)*

राजी : कोशिश तो कर! सूत कातती के पास कोई नहीं आएगा। लड़की का धन जा के देना पड़ता है। कहे तो मैं कहीं बात करूँ। मानिक जाने...

[दीनू कुम्हार हाँफता हुआ दरवाजे के पास आता है।]

दीनू : मन्नी की माँ, देखा-सुना कुछ?

वृद्धा राजी : क्या हुआ?

दीनू : *(पल भर साँस लेकर)* हुआ क्या, बेशर्मी की हद हो गई।

राजी : बता तो क्या हुआ?

दीनू : देखोगी तो आप उँगली काटोगी।

[मन्नी बाहर आ जाती है।]

दीनू : बिटिया को भेज दो अन्दर। वे इधर ही आ रही हैं।

वृद्धा : कौन आ रही हैं? इतना क्यों हाँफता है?

दीनू : देख लो, वे आ गईं। मैं चौधरी को पता देता हूँ।

[दीनू तत्परता से चला जाता है। दो क्षण निःस्तब्धता रहती है। फिर दो साँवली बर्मी लड़कियाँ जाँघों तक के मैले फ्राक पहने दरवाजे से अन्दर आती हैं। सब उनकी ओर ध्यान से देखती हैं।]

लड़कियाँ : माँ जी, रोटी पाजी के लिए कुछ....

राजी : किस घर की हो री? लाज नहीं आती? खाने को पास में नहीं और घूमती हो इस तरह, तुम्हारे घर में कोई नहीं?

पहली लड़की : घर-बार उजड़ गया है, माँ जी! जापानी जहाजों ने गोले गिराए थे। भाई को तड़पते घर में छोड़कर हम लोग भाग आए। रेल की पटरी के पास माँ के भी प्राण निकल गए। जंगल में पिता को साँप ने काट लिया। उसकी देह पानी में बहाकर किसी तरह यहाँ तक पहुँची हैं। अब आप ही लोगों का आसरा है। दो-चार मुट्ठी चावल दे दीजिए।

राजी : निकल जाओ यहाँ से। घर की बदनामी होगी। कह न इनसे मन्नी की माँ!

वृद्धा : क्यों री, तुम किस देश की हो?

दूसरी लड़की : ब्रह्मा से आई हैं, माँ जी! कभी वहाँ हमारा भी घर था। हमारे भी माँ-बाप थे। हमने अच्छे दिन देखे हैं, माँ जी! आज भूख हमें दर-दर लिए फिरती है।

मन्नी : माँ, ये ब्रम्मा से जहाज पर नहीं आईं?

पहली लड़की : जी नहीं। हम पैदल रास्ते से आए हैं! जहाज सब डूब जाते हैं। हमारे पास जो सामान था, वह भी डाकुओं ने छीन लिया।

वृद्धा : क्यों री, ब्रम्मा में बहुत लड़ाई होती है?

पहली लड़की : वहाँ तो आग बरसती है माँ जी! भागना भी आसान नहीं। कई वहीं रह गए। कई रास्ते में मर गए। खाने-पीने को कुछ नहीं मिलता।

[वृद्धा के मुख पर चिन्ता की रेखाएँ गाढ़ी हो जाती हैं।]

मन्नी : *(उत्सुकतापूर्वक)* लड़ाई से फौजी भी भाग आए?

दूसरी लड़की : फौजी नहीं भाग सकते। जो पलटन छोड़े उसे गोली मार दी जाती है।

पहली लड़की : माँ जी, कुछ खाने को दे दीजिए। आपके बेटे की बड़ी उम्र होगी।

राजी : निकालो न इनको मन्नी की माँ! कोई देखेगा, क्या कहेगा?

दूसरी लड़की : दो मुट्ठी चावल दे दीजिए माँ जी! आपका बेटा जिए।

वृद्धा : मन्नी, इन्हें अन्दर से चावल ला दे।

[मन्नी अन्दर चली आती है।]

राजी : क्या करती हो मन्नी की माँ? इनका कोई धरम-करम है?

दूसरी लड़की : बुरा मत कहो माँ जी, कुछ पास नहीं, इसीलिए माँगती हैं। अपना घर रहता, तो क्यों बाहर आतीं?

[मन्नी चावल ले आती है। पहली लड़की झोले में डलवा लेती है।]

पहली लड़की : *(चावल लेकर)* तुम्हारी बेटी जुग-जुग जिये, माँ जी!

[इस आशीर्वाद से वृद्धा का मुख मुरझा जाता है। दोनों शरणार्थी लड़कियाँ चली जाती हैं।]

राजी : किनको दे दिया, मन्नी की माँ! ये लड़कियाँ क्रिस्तान हैं।

वृद्धा : कोई हो बहन, पेट तो सबका बराबर है।

मम्मी : माँ, ये ब्रम्मा की हैं, शायद इन्होंने भैया को देखा हो।

वृद्धा : हजारों आदमियों में कहाँ पता चलता है, बेटी?

मन्नी : माँ, ये तो कहती हैं, वहाँ बहुत लड़ाई होती है।

वृद्धा : *(दोनों हाथ जोड़कर ऊपर की ओर देखती हुई)* वह राखनहार है। *(आँखें भर आती हैं।)*

राजी : *(उठती हुई)* यह मिठाई रख ले मन्नी! चन्दू की ससुराल की है। *(पत्तल खोलकर पीढ़े पर रख देती है।)*

वृद्धा : *(मुरझाई-सी)* रख ले, मन्नी!

राजी : *(उठकर)* अगले मंगल को शायद चिट्ठी आ ही जाए। आए तो पता भेजना।

[चली जाती है। मन्नी उदास-सी फिर लेट जाती है। वृद्धा चुपचाप पूर्ववत् सूत कातने लगती है।]

[पट-परिवर्तन]

दूसरा दृश्य

[पर्दा उठने पर फिर वही आँगन दिखाई देता है। समय आधी रात का है। आँगन में दो चारपाइयाँ बिछी हैं। चारपाइयों पर वृद्धा और मन्नी मुँह ढाँपकर सोई हैं। अँधेरा ज़रा घना होता है, फिर थोड़ा-थोड़ा प्रकाश छाने लगता है।]

[बाहर से धीमी-धीमी आवाज़ आती है।]

—माँ! माँ!

[दाईं चारपाई से वृद्धा हड़बड़ाकर उठती है। पर चादर तानकर सोनेवाली आकृति उसी प्रकार सोई रहती है। प्रकाश और भी खिलता है। वृद्धा का घबराया हुआ चेहरा स्पष्ट दिखाई देता है।]

वृद्धा : *(स्नायविक स्वर में)* कौन है, कौन पुकारता है?

[शब्द :]

—माँ! माँ!

वृद्धा : *(चारपाई से उठकर)* मानिक! *(एकदम दरवाजे की ओर बढ़ती है।)*

[शब्द :]

—हाँ माँ! मैं हूँ मानिक। दरवाजा खोल, मैं आ गया हूँ।

[वृद्धा तत्परता से दरवाजा खोलती है। फ़ौजी वेश में एक युवक अन्दर प्रवेश करता है। वह झुककर वृद्धा के पैरों को छूता है। वृद्धा उसे उठाकर छाती से लगा लेती है।]

वृद्धा : मेरा मानिक! मेरा बेटा! लगता है बरसों में देखा है।

[दोनों आँगन के बीच आ जाते हैं।]

वृद्धा : बिटिया तुझे याद करती-करती सो गई। आज मंगल था, सो सवेरे से ही तेरी चिट्ठी की बाट देखती रही। पर तू तो आप ही आ रहा था। चिट्ठी कैसे आती? *(भाव-व्याकुल-सी)* बैठ तो जा, बेटा!

[मानिक एक पीढ़ा ले लेता है। वृद्धा दूसरे पीढ़े पर बैठ जाती है।]

मानिक : क्या बताऊँ माँ! बड़ी ही मुश्किल है। दिन-रात लड़ाई चलती है। नीचे धरती बोलती है, ऊपर आकाश, एक पल के लिए भी निकलना संभव नहीं, मैं तो रात के अँधेरे में छिपकर तुझे मिलने चल आया।

वृद्धा : कितना जी चाहता था देखने को। लोग सौ बातें कहते थे। चुपचाप सुनती रहती थी। जानती थी, तू आके लड़ाई के हाल बताएगा। सुनी-सुनाई किस-किसकी मानती? *(रुककर)* पहले बोल, क्या खाएगा? मैं तो बातों में ही भूल गई।

मानिक : नहीं, माँ! खाना कुछ नहीं। *(रुखी हँसी हँसकर)* और तेरे हाथ की तो अब भाग मैं रही नहीं...

वृद्धा : *(काँपकर)* नहीं बेटा! अपशगुन की बात नहीं बोलते।

मानिक : अपशगुन की बात नहीं माँ! तू ही सोच, जो खाना हम लोग खाते थे, उसमें क्या कुछ नहीं होता था? मछली, मुर्गा, भेड़, बकरा...

वृद्धा : राम, राम राम।

मानिक : जंगल में और कुछ नहीं मिले तो गीदड़ ही मारकर खा जाते थे। इसीलिए तो कहता हूँ कि मुझे खिलाने से तुझे छूत लगेगी।

वृद्धा : नहीं नहीं। मेरा धरम-करम सब तू ही है। वहाँ जो खाना पड़ा, खा लिया। यहाँ पर वह चीज़ थोड़े खाएगा? बोल क्या बना दूँ।

मानिक : रहने दे माँ! मुझे अब भूख ही नहीं लगती। दो घड़ी अपने चरणों में बैठ लेने दे। फिर जाने आ भी सकूँ या नहीं।

वृद्धा : कैसी बात मुँह पर लाता है?...मन्नी से तो मिल, सोने से पहले तेरी ही बात कर रही थी।

मानिक : उसे सोने दे माँ! तू बता, इतनी दुबली क्यों हो गई? दिन-रात चिन्ता किया करती है, क्या?

वृद्धा : चिन्ता काहे की है, बेटा! यही सोचती थी कि तू आ जाए...

मानिक : तेरी तो देह आधी भी नहीं रही, माँ, लड़ाई का क्या भरोसा है? आज जान है, कल नहीं। कितने साथी देखते-देखते चले गए।

वृद्धा : *(काँपकर)* अब तू वहाँ मत जा, मैं तुझे नहीं जाने दूँगी।

मानिक : यहाँ कैसे रह सकता हूँ, माँ? जान अपनी हो तो रहूँ भी।

वृद्धा : *(मुरझाकर)* तो तू वापस चला आएगा?

मानिक : अभी चला जाऊँगा, माँ! बहुत दूर जाना है। मैं तो मिलने चला आया, नहीं तो आना संभव ही कहाँ था? डॉक्टर यदि सिर न हिलाता, तो अभी मैं हस्पताल में ही होता।

वृद्धा : *(घबराकर)* हस्पताल में? वहाँ क्यों?

मानिक : *(रूखी हँसी हँसकर)* मुझे गोली लगी थी माँ!

वृद्धा : *(उसको कन्धे से पकड़कर)* तुझे लगी थी? कहाँ लगी थी, लाल? मुझे पहले क्यों नहीं बताया?

मानिक : घबरा नहीं माँ! गोलियाँ तो लगती ही रहती थीं। पर यह घाव गहरा था। गोली दिल के पास लगी थी। मुझे उठाकर वे हस्पताल में ले गए। वहाँ डॉक्टर ने देखा, और सिर हिलाया। फिर...

वृद्धा : फिर, उसके बाद?

मानिक : फिर मैं यहाँ आ गया, और मुझे कुछ भी याद नहीं।

वृद्धा : *(मानिक का हाथ पकड़कर)* मैं अब तुझे नहीं भेजूँगी। चाहे जो भी हो।

मानिक : नहीं माँ! रहना मेरे वश में नहीं है। जैसे आया हूँ, वैसे ही चला जाऊँगा।

वृद्धा : तू रह जाता तो तेरे सामने ही लड़की के हाथ पीले कर देती।

मानिक : यह चाह मेरे मन में भी है, माँ! जब गोली लगी, तब भी मैं यही सोच रहा था। जब डॉक्टर ने सिर हिलाया, तब भी।

अब भी यही सोच रहा हूँ। पर सोचकर भी मैं कुछ कर नहीं सकता।

वृद्धा : कर क्यों नहीं सकता? तू ही सबकुछ करेगा।

मानिक : तो, अब जाने दे, माँ! रात बीतती जा रही है।

वृद्धा : अभी क्यों चल दिया! अभी तो मैंने जी भरकर देखा भी नहीं।

[मानिक चुपचाप उसके पैर छूकर दरवाजे की ओर चल देता है।]

वृद्धा : ज़रा तो ठहर जा! मुझे अभी कितनी ही बातें करनी हैं...

[मानिक दरवाजे से निकल जाता है। अँधेरा गहरा होने लगता है।]

वृद्धा : *(पीछे-पीछे जाती हुई)* मेरा प्यार तो ले जा! मानिक! मानिक!

[विह्वल-सी दरवाजे से निकल जाती है। चारपाई पर सोई हुई आकृति जोर-जोर से पुकार रही है :]

—मानिक! मानिक!

[मन्नी अपनी चारपाई पर चौंककर जाग उठती है। वृद्धा सोई-सोई पुकार रही है :]

—मानिक! मानिक!

[मन्नी उसे हिलाकर जगाती है। वृद्धा आँखें खोलकर इधर- उधर देखती है।]

वृद्धा : वह आया नहीं था?

मन्नी : *(वृद्धा के साथ सटकर)* कौन माँ?

वृद्धा : *(कंपित स्वर में)* मानिक।

मन्नी : तुम सोई-सोई भी भैया के ही सपने देखा करती हो, माँ? देख लेना, अगले मंगल को भैया की चिट्ठी जरूर आएगी।

[वृद्धा गहरी साँस लेकर लेट जाती है। अँधेरा पहले की तरह गाढ़ा हो जाता है।]

[पर्दा गिरता है।]

कलिंग-विजय : एक

पात्र

असंधिमित्रा : अशोक की सम्राज्ञी
सुजाता : महामात्य की पत्नी
वृद्धा : एक सामंत की माँ
अशोक : मौर्य सम्राट
महामात्य : अशोक का प्रधानमंत्री
युवक : एक विद्रोही बन्दी
तारा : युवक की बहन *(एक सद्यःविधवा)*
तारा का बच्चा, द्वारपाल
देशपाल : सैनिक

पहला दृश्य

[अशोक के राज्याभिषेक के आठवें वर्ष उसकी सेनाओं ने कलिंग पर आक्रमण किया। देवानां-प्रिय प्रियदर्शी राजा की सेनाएँ शत्रुओं को परास्त करती हुई आगे बढ़ने लगीं। पूर्ण विजय अब कुछ ही चिर की बात रह गई। तभी एक दिन पाटलिपुत्र में अशोक के विहारोद्यान में असंधिमित्रा दुःखी सुजाता को कुछ समझाती-सी दिखाई देती हैं। तेज संगीत के कारण उनके संवाद सुनाई नहीं देते। संगीत कम और प्रकाश अधिक होने पर...]

सुजाता : हर पराजय भी तो विजय का स्मारक ही होती है। उन ध्वस्त और जीर्ण-शीर्ण घरों में जाकर पता चलता है कि विजय क्या होती है।

असंधिमित्रा : कुमार की अनुपस्थिति ने तुम्हारे हृदय को बहुत अस्थिर कर दिया है, सुजाता बहन! तभी तुम ऐसी-ऐसी बातें सोचती हो।

कलिंग पर विजय होने में अब देर नहीं है। थोड़े ही दिनों में कुमार विजय का सेहरा बाँधे हुए तुम्हारे पास आकर उपस्थित हो जाएगा। फिर तुम्हारी यह उदासी और निराशा सब जाती रहेगी। मैं भी माँ हूँ और माँ के हृदय को समझ सकती हूँ। तुम सोचने लगती हो तो बहुत गहरे तक सोच जाती हो। सुजाता, तुम चाहो तो मैं महाराज से कहकर कुमार को पहले भी बुलवा सकती हूँ...

सुजाता : उसको बुलवा लूँगी महादेवी तो उसकी जगह कोई-न-कोई कुमार तो जाएगा ही। और अब भी वह वहाँ अकेला नहीं है। सहस्रों और सैनिक उसके साथ हैं। *(रुआँसे स्वर में)* मैं केवल उसकी कुशल-क्षेम चाहती हूँ महादेवी, और कुछ नहीं चाहती। परन्तु मैं जानती हूँ कि कुमार तक मेरे हृदय की बात पहुँच जाए तो वह क्षुब्ध हो उठेगा। घर में उनसे बात करती हूँ तो वे क्षुब्ध हो उठते हैं। जैसे जीवन में वीर धर्म ही एक धर्म है। ममता और कोमलता का कोई धर्म ही नहीं है। मैं उनसे कभी बात नहीं करना चाहती। उनका हृदय भी शिलाखंड की तरह ही है, जिससे टकराकर मेरी कोमल भावना चूर-चूर हो जाती है। मैं उनसे कुछ नहीं कहना चाहती। आँखें भर जाती हैं तो आकाश की ओर देख लेती हूँ। हृदय भारी होता है तो आपके पास चली आती हूँ।

असंधिमित्रा : तुम्हें कुमार के कुशल क्षेम के सम्बन्ध में कभी चिंतित नहीं होना चाहिए सुजाता बहन! कुमार बहुत वीर और रण-दक्ष सेनापति है। आज विहारोद्यान से लौटकर मैं तुम्हारे साथ उसकी कुशल क्षेम के लिए प्रार्थना करूँगी। तुम चिंता छोड़ दो। कुमार चिरायु है और उसे अभी जीवन में बहुत कुछ करना है।

[एक वृद्धा की खोखली उन्मादपूर्ण हँसी का शब्द सुनाई देता है।]

वृद्धा : तुम कहती हो कुमार चिरायु है? यह झूठ है। धोखा है। कुमार मर चुका है। उसे कोई शक्ति प्राण नहीं दे सकती।

[फिर हँसती है।]

असंधिमित्रा : तुम कौन हो माँ? ऐसे शब्द तुम क्यों कह रही हो?

वृद्धा : मैं कौन हूँ?...तुम देख नहीं रही हो, मैं कौन हूँ? मैं कुमार की माँ हूँ। कुमार आदित्यगुप्त की माँ। और तुम मुझसे कहती हो कि कुमार चिरायु है? तुम मेरे बच्चे की मृत्यु का उपहास उड़ाती हो? इसलिए कि तुम इस राज्य की महादेवी हो?

असंधिमित्रा : *(अव्यवस्थित स्वर में)* तुम कुमार आदित्यगुप्त की माँ हो, और इस दशा में? यह तुमने अपना कैसा वेश बना लिया है माँ? तुम ये तार-तार वस्त्र पहने घूम रही हो?

वृद्धा : तुम्हें मेरे इन वस्त्रों की चिंता है? *(हँसकर)* मेरे इन वस्त्रों से तुम्हारे राज्य की मर्यादा जाती है?...परन्तु मेरी कोई मर्यादा नहीं है। मैं एक मरे हुए सामन्त की माँ हूँ। अब मेरे पुत्र के पीछे एक सहस्त्र अश्वारोही नहीं चलते।

असंधिमित्रा : फिर भी माँ, तुम्हारे पुत्र की मर्यादा तो शेष है...

वृद्धा : मेरे पुत्र की मर्यादा शेष है? कहाँ? किस रूप में? मेरे घर चलोगी? मेरे घर की गिरी हुई दीवारों में तुम्हें वह मर्यादा दिखाई देगी। मेरे टूटे हुए चूल्हे में वह मर्यादा दिखाई देगी। देखोगी?

असंधिमित्रा : *(संवेदनापूर्वक)* मुझे बहुत दुःख है माँ! मैं आज ही महाराज से तुम्हारी दशा का उल्लेख करूँगी। वे हर तरह से तुम्हारी सहायता करेंगे। वे प्रजा में किसी को दुखी नहीं देख सकते, फिर तुम तो राज्य के एक दिवंगत सामन्त की माँ हो। तुम्हारे लिए कुछ भी करना वे अपना धर्म समझेंगे। उनका राज्य धर्मराज्य है। वे तुम्हारे सम्बन्ध में...

: क्या बात है माँ? तुम इस तरह क्यों देख रही हो?

वृद्धा : मैं देख रही हूँ कि तुम बहुत भोली हो या बहुत चतुर हो। यह राज्य धर्मराज्य है!...और अब उस धर्मराज्य की सीमाओं का विस्तार भी हो रहा है। इस राज्य के वीर सैनिक इस धर्मगाथा को दूर-दूर तक ले जा रहे हैं।

असंधिमित्रा : हाँ, माँ! महाराज सारे देश को अधर्मियों और आततायियों के पंजों से छुड़ाकर सुख और शान्ति के छत्र में ले जाना चाहते हैं।

वृद्धा : सुख और शान्ति के छत्र में? *(हँसती है)* और उस सुख और शान्ति की अग्रदूत बनकर आती है रक्त से रंगी हुई तलवार?... महादेवी असंधिमित्रा, तुम एक राज्य की स्वामिनी हो और जीवन को तुम जीवन के बीच से नहीं, अपनी सत्ता की ऊँचाई से देखती हो। यह सत्ता और प्रभुता ही तुम्हारे

लिए यथार्थ है, जीवन यथार्थ नहीं है।...तुम जानती हो, युद्ध किसे कहते हैं?

असंधिमित्रा : मैं तुम्हारा प्रश्न ठीक से समझ नहीं सकी माँ!

वृद्धा : यह प्रश्न तुम समझ भी नहीं सकती हो महादेवी! युद्ध का अभिप्राय वही समझ सकता है, जिसने युद्ध के परिणाम को सहा हो। मैं युद्ध का अभिप्राय जानती हूँ और बहुत अच्छी तरह जानती हूँ। युद्ध की मार-काट से सुख और शान्ति उन्हें मिलती होगी जिनकी गौरवगाथा शिलाखंडों पर लिखी जाती है, मरने और कटनेवालों को नहीं मिलती।

असंधिमित्रा : मरनेवाले को भी सुख मिलता है माँ। उसकी यशस्विता उसे सुख देती है। वास्तव में शिलाखंडों पर मरनेवालों की यशोगाथा ही तो अंकित होती है। राजा अपने आपमें कोई व्यक्ति नहीं होता, केवल एक प्रतीक होता है। प्रजाहित में ही उसकी सत्ता की सार्थकता है। राजा जो भी करता है, प्रजाहित के लिए ही करता है। यह बात तुम क्यों नहीं सोचती हो माँ?

वृद्धा : *(व्यंग्यपूर्ण स्वर में)* राजा जो कुछ भी करता है, प्रजाहित के लिए करता है! उसकी सत्ता प्रजाहित के लिए है, उसका शासन प्रजाहित के लिए है और उसका पीड़न भी प्रजाहित के लिए है! इतनी सूक्ष्म बात समझने की बुद्धि मुझमें नहीं है महादेवी! परन्तु इतना मैं अवश्य जानती हूँ कि यशस्विता भी राजा के लिए होती है, युद्धभूमि में मरनेवालों के लिए नहीं। मरनेवाले को जो कुछ मिलता है, वह मेरे पास देख लो। मेरी इस फटी हुई झोली में कितना यश भरा है।

असंधिमित्रा : *(व्याकुल स्वर में)* नहीं, माँ नहीं। तुम्हारी यह हीन दशा सचमुच मुझसे नहीं देखी जाती। मैं यह कल्पना भी नहीं कर सकती कि एक सामन्त की माँ को ऐसे वस्त्रों में रहना पड़ सकता है। मुझे अवसर दो माँ! मैं तुम्हारे लिए कुछ करना चाहती हूँ। कुछ भी बताओ जो मैं तुम्हारे लिए कर सकूँ...

वृद्धा : तुम कुछ भी नहीं कर सकतीं महादेवी! मैं अकेली नहीं हूँ, जिसके पुत्र की मृत्यु हुई है। एक मेरी ही झोली में छेद नहीं है। इस विहारोद्यान से बाहर बहुत-बहुत बड़ी दुनिया है महादेवी! किसी एक के लिए करने से कुछ नहीं होगा! प्रभुसत्ता में एक बहुत बड़ी विशेषता होती है महादेवी! वह जितना व्यापक विध्वंस कर सकती है, उतना व्यापक निर्माण नहीं।

असंधिमित्रा : फिर भी मुझे कर्तव्य का बोध दो माँ। मुझे मार्ग का निर्देश दो। मैं अपनी अकिंचनता समझ रही हूँ। फिर भी मैं कुछ करना चाहती हूँ...

वृद्धा : महादेवी कुछ करना चाहती हैं?...तुम क्या कर सकती हो, यह मैं नहीं जानती। मैं एक साधारण मानवी की तरह सोचती हूँ कि यह युद्ध नहीं होना चाहिए। परन्तु बहती हुई रक्तधाराएँ विजय के उन्माद में राजाओं को बहुत भली लगा करती हैं। तुम चाहो तो राजा को यह समझा सकती हो कि प्रजा के हर मनुष्य के रक्त में उतनी ही उष्णता होती है, जितनी राजा के रक्त में।

असंधिमित्रा : महाराज को मैं प्रजा के हित की बात बताऊँगी? उन्हें, जो सारी प्रजा को अपनी सन्तान की तरह समझते हैं!

वृद्धा : सत्ता के विस्तार की कामना मन में अंधकार भर देती है महादेवी! उस अंधकार में पिता के पैर सन्तान को भी कुचल जाते हैं। परन्तु रानी भी प्रजा की माँ होती है। माँ के हृदय को अँधेरा व्याप्त नहीं करता। यदि तुम सचमुच माँ हो और तुम्हारे हृदय में वह वत्सलता है तो राजा को बताओ कि उसकी प्रजा का हृदय कहाँ और किस रूप में धड़कता है।

असंधिमित्रा : *(जैसे स्वगत)* मैं उन्हें दृष्टि दूँगी? उन्हें न्यायमार्ग की बात बताऊँगी? मेरी अकिंचनता उनकी महत्ता को निर्देश देगी?

वृद्धा : *(व्यंग्य से हँसकर)* मैं जानती थी कि तुम्हारे पास शब्दों की भावुकता के अतिरिक्त और कुछ नहीं है। अपनी भावुकता पर बोझ मत पड़ने दो महादेवी! मुझे विक्षिप्त समझकर मेरा अपराध क्षमा कर देना। राजा का सत्तागर्व उसे जिस दिशा में ले जाए, ले जाने दो। उससे तुम्हारी अधिकार-लिप्सा भी सन्तुष्ट होगी। मैं विवेकहीन हूँ जो तुमसे ऐसी बातें कह रही हूँ। मेरा पुत्र जो नहीं रहा, विवेक कहाँ से रहता है? मुझे आज्ञा दो, मैं जा रही हूँ।

[सुजाता के सिसकने का शब्द]

असंधिमित्रा : तुम रो रही हो सुजाता बहन?

सुजाता : हाँ, महादेवी! मैं अनुभव कर रही हूँ कि इस माँ के हृदय के किस कोने में व्यथा की हिलोर उठती है। उसके चारों ओर जैसे सब निर्जन है! उस निर्जन में कहीं प्रतिध्वनि पैदा नहीं होती।

असंधिमित्रा : नहीं, इतना निर्जन नहीं है। कहीं-न-कहीं अवश्य प्रतिध्वनि होती है। मेरा हृदय आज विचलित हो उठा है। मैं उनसे अनुनय

करूँगी कि और युद्ध न किया जाए। सेनाएँ जहाँ तक जा पहुँची हैं, वहाँ से और आगे उन्हें न जाने दिया जाए। मुझे विश्वास है कि वे मेरी बात अवश्य सुनेंगे। तुम धैर्य रखो। थोड़े दिनों में कुमार भी लौटकर तुम्हारे पास आ जाएगा।

सुजाता : नहीं महादेवी, युद्ध बन्द नहीं होगा। कुमार मेरे पास लौटकर आएगा या नहीं, यह मैं नहीं जानती; परन्तु युद्ध चलता रहेगा। युद्ध का संचालन जिनकी बुद्धि द्वारा हो रहा है, उन्हें मैं कितना पास से जानती हूँ?

असंधिमित्रा : मैं उनसे भी अनुरोध करूँगी कि वे महाराज को युद्ध बन्द कर देने का परामर्श दें। महामात्य राजनीतिज्ञ हैं, वीरधर्मा हैं पर अन्ततः उन्हें भी तो मानव का हृदय प्राप्त है। मैं उन्हें युद्ध की वीभत्सता के सम्बन्ध में सोचने के लिए विवश करूँगी...

सुजाता : आप ऐसा कहती हैं क्योंकि आप उन्हें ठीक से जानती नहीं हैं। मैं जानती हूँ। वे महाराज को युद्ध बन्द कर देने का परामर्श कदापि-कदापि नहीं देंगे। उनका हृदय हृदय नहीं, शिलाखंड है महादेवी, जहाँ एक ही लिपि अंकित है...युद्ध और विजय। एक दिन मैंने उनसे ऐसी बात करनी चाही थी तो जानती हैं उन्होंने मुझसे क्या कहा था?

असंधिमित्रा : क्या कहा था?

सुजाता : उन्होंने कहा था कि मैं देशद्रोहिणी हूँ। उनकी दृष्टि में साम्राज्यहित के सामने मानवहित और समाजहित का कोई मूल्य नहीं है। वे केवल एक सैनिक की भाषा जानते हैं। और कोई भाषा उनकी समझ में नहीं जाती।

असंधिमित्रा : हर भाषा सीखने से आती है सुजाता बहन! मुझे उनसे बात कर लेने दो। समय के कोमल हाथ शिलाखंड की कठोर से कठोर लिपि को भी बुझा देते हैं। उन हाथों में विश्वास रखो। महामात्य को अपनी कर्तव्यभावना का भान है, इसीलिए वे तुम्हें कठोर प्रतीत होते हैं। यदि हम प्रयत्न से उनकी इस भावना की दिशा बदल दें तो उनके अन्तर के कोमलता के स्रोत बाहर फूट निकलेंगे। शिलाखंड हिमखंड की तरह पिघल जाएगा।

सुजाता : मुझे विश्वास नहीं। आपके शब्दों से बहुत सांत्वना मिलती है, फिर भी विश्वास नहीं होता। मुझ तो डर लगता है यह सोचकर कि मेरी प्रेरणा से आप यह सब कह रही हैं, वे मेरे प्रति और भी कठोर हो जाएँगे। मेरा हृदय और कठोरता सहन

नहीं कर सकता महादेवी! और सहना पड़ा तो मैं टूट जाऊँगी—बिल्कुल टूट जाऊँगी।

असंधिमित्रा : नहीं, ऐसा अवसर नहीं आएगा। मुझे विश्वास है कि मेरी बात अवश्य सुनी जाएगी। मुझे एक बार अपने विश्वास की परीक्षा तो कर लेने दो।

दूसरा दृश्य

[पर्दा उठने पर अशोक का उपवेश-गृह दिखाई देता है। बीच में एक बड़ा सिंहासन है जिसके दोनों ओर दो छोटे सिंहासन रखे हैं। बीच के सिंहासन पर अशोक और दाईं ओर के सिंहासन पर महामात्य बैठे हैं।]

अशोक : तुम ठीक कहते हो महामात्य! हमारी सेना के सामने शत्रु कहीं टिक सकेंगे, अब ऐसी सम्भावना नहीं है। कलिंग पर विजय लगभग निश्चित ही है। फिर भी कुमार का कोई समाचार नहीं आया, यह बात रह-रहकर हमारे हृदय को उद्विग्न कर देती है। कुमार पुत्र तुम्हारा है, पर हमें उससे कितना मोह है, कितनी आशा है, यह तुमसे छिपा नहीं है।

महामात्य : वह आपके स्नेह का भाजन बन सका है, मैं उसके लिए यह गौरव की बात समझता हूँ महाराज! यदि साम्राज्य की सेवा करते हुए उसके प्राण चले जाएँ तो यह भी उसके लिए गौरव की बात होगी। मैं विजय के समाचार की प्रतीक्षा कर रहा हूँ। कुमार एक सैनिक है और सैनिक का समाचार न आना भी अशुभ बात नहीं है।

अशोक : यह शुभ-अशुभ का प्रश्न नहीं है महामात्य! भावना का प्रश्न है। हम चाहते हैं कि स्वयं कुमार ही विजय का समाचार लेकर आए। परन्तु युद्ध जितना लम्बा होता जा रहा है, हमारा हृदय उतना ही आशंकित रहता है।

महामात्य : आशंकित होने का कोई कारण नहीं है महाराज! कलिंग पर विजय निश्चित है। इस विजय की कीर्ति युगों तक अनेकानेक शिलाखंडों के वक्ष पर खुदी रहेगी। एक महान विजेता, एक महान नेता और एक महान शासक के रूप में इतिहास सदैव आपको स्मरण रखेगा। मैं सोच रहा हूँ कि

विजय के उपलक्ष्य में एक व्यापक समारोह हो। आनन्द और उत्साह की बाढ़ दिशा-दिशा में फैल जाए। देश भर के घरों में दीपमाला हो...

[असंधिमित्रा का प्रवेश। महामात्य बोलते-बोलते रुककर अभिवादन करता है।]

असंधिमित्रा : मैं आपके वार्तालाप में बाधा बन सकती हूँ?

अशोक : आओ...आओ...रानी! महामात्य विजय के समारोह की बात कर रहे हैं।

असंधिमित्रा : महामात्य विजय की सम्भावना से बहुत उत्तेजित प्रतीत होते हैं।

महामात्य : कलिंग विजय साम्राज्य की बहुत बड़ी विजय होगी महादेवी! उसकी सम्भावना से दास का उत्तेजित हो उठना अस्वाभाविक नहीं है।

असंधिमित्रा : निःसंदेह! विजय की सम्भावना किसे उत्तेजित न कर देगी?...परन्तु महामात्य, जिन घरों के जीते-जागते दीपक युद्ध की आँधी ने बुझा दिए हैं, उन घरों में दीये कौन जलाएगा? हमारी राजाज्ञा या उनकी विवशता?

महामात्य : यह आप क्या कह रही हैं महादेवी?

असंधिमित्रा : मैं ठीक कह रही हूँ महामात्य! जहाँ बाल युवतियाँ रणक्षेत्र में अपने सुहाग की आहुति दिए जाने पर दो बूँद जल गिरा लेने का अवसर भी न पाएँगी, वहाँ यह आनन्द और उल्लास की बाढ़ कैसे पहुँच जाएगी? क्या हमारी राजाज्ञा से उन्हें आँसू पोंछकर विजयोत्सव में भाग लेना होगा? उस उत्सव को किस न्याय से उत्सव कहा जा सकेगा?

अशोक : यह तुम कैसी बात कह रही हो रानी? तुम जानती हो कि हमारे साम्राज्य की नींव धर्म और न्याय पर खड़ी है। हम ऐसी किसी भावना को प्रश्रय नहीं दे सकते जिससे अन्याय की गन्ध आती हो।

असंधिमित्रा : इसीलिए मेरा यह प्रश्न है कि सहस्रों सैनिकों के रक्त से सींची हुई पृथ्वी पर जो विजय का फूल लहराएगा, उसे देखकर आनन्दित होना क्या अन्याय न होगा? जिस वायुमंडल से मरे हुए या मर रहे सैनिकों की करुण कराहट अभी विलीन न हुई होगी, उसमें नृत्य-गीत के स्वर मिला देना क्या अन्याय न कहा जाएगा?

महामात्य : विजय एक पर्व है महादेवी और उस पर्व का अभिनन्दन करना हर क्षत्रिय का धर्म है। व्यक्ति का जीवन और व्यक्ति की मृत्यु, व्यक्ति का आनन्द और व्यक्ति की करुणा, इनका कोई महत्त्व नहीं है। विजय का उत्सव समूह का उत्सव है। समूह को उसका अधिकार देने में कुछ भी अन्याय नहीं है महादेवी! हमें इस पर्व का उचित अभिनन्दन करना ही चाहिए।

असंधिमित्रा : विजयी के लिए विजय एक पर्व है तब पराजित के लिए पराजय क्या है महामात्य? वह भी एक पर्व है? और पराजय का पर्व भी तो समूह का ही पर्व होगा। वह समूह अपना पर्व किस तरह मनाएगा? नहीं महामात्य। बुझे हुए दिलों से दीपक जलवा लेने से दीपमाला नहीं हो जाती। कुछ लोग सिर झुकाकर जय-जयकार करें, इसे विजय नहीं कहते।

[महामात्य भावपूर्ण दृष्टि से राजा की ओर देखकर चुप हो जाता है। अशोक आश्चर्यचकित-सा असंधिमित्रा की ओर देखता है।]

अशोक : महामात्य ही उत्तेजित नहीं हैं। तुम भी आज उत्तेजित प्रतीत हो रही हो रानी।

असंधिमित्रा : सम्भव है, मैं भी उत्तेजित हूँ। परन्तु विजय के उपलक्ष्य में एक समारोह हो, इसके पक्ष में मैं कदापि नहीं हूँ।

महामात्य : धृष्टता क्षमा हो महादेवी! विजयोत्सव का सारा आयोजन पहले से ही किया जा चुका है। जब पहला सैनिक विजय की पताका लिए हुए राज्य की सीमा में प्रवेश करेगा, तभी दुंदुभियाँ बज उठेंगी। मन्दिरों में विजयगीत गाए जाने लगेंगे। राजवीथियाँ आलोकित हो उठेंगी।...अब इस सारे आयोजन को स्थगित कैसे किया जा सकता है?

अशोक : हम तुम्हारी दृष्टि को समझते हैं रानी। परन्तु तुम युद्ध का केवल एक ही पक्ष क्यों देखती हो? यह क्यों नहीं सोचती हो कि इस युद्ध में धर्म और न्याय की शक्तियाँ अधर्म और अन्याय की शक्तियों से लड़ रही हैं? शक्तियों की विजय धर्म और न्याय की विजय है।

असंधिमित्रा : जिसे प्राप्त करने के लिए शक्तियाँ लड़ती हैं, उसे मैं विजय नहीं समझती।

अशोक : उसे तुम विजय नहीं समझतीं? तो तुम्हारी दृष्टि में विजय क्या है रानी?

असंधिमित्रा : विजय वह है जो दूसरे को नीचा नहीं दिखाती, ऊँचा उठाती है। उसमें साम्राज्य-विस्तार मिट्टी के क्षेत्र को नहीं, मनुष्य के हृदय को अपना बनाने से होता है।

महामात्य : मनुष्य के हृदय को अपना बनाने के लिए सुविधा और अवसर की आवश्यकता होती है महादेवी! और वह सुविधा और अवसर प्राप्त करने के लिए ही युद्ध का आश्रय लेना पड़ता है।

अशोक : रानी, हिंसा और रक्तपात युद्ध के साधन हैं अवश्य पर उसका उद्देश्य महान है। तुम यह बात क्यों नहीं सोचती हो?

असंधिमित्रा : मैं सोचकर भी यह बात नहीं समझ पाती महाराज! महान की प्राप्ति के लिए साधन भी महान होना चाहिए। एक महान उद्देश्य को पाने के लिए हिंसा और रक्तपात का आश्रय ही क्यों आवश्यक है? और कोई मार्ग क्यों नहीं है?

[दूर से कुछ कोलाहल सुनाई देता है।]

महामात्य : राजप्रासाद के अन्दर यह कैसा कोलाहल सुनाई दे रहा है?

अशोक : शायद किसी प्रहरी से कोई प्रमाद हुआ हो!

महामात्य : नहीं, ऐसा नहीं हो सकता। यहाँ प्रहरी कभी प्रमाद नहीं करते।...ठहरिए, मैं जाकर देखता हूँ।

[शोर बहुत बढ़कर धीरे-धीर शान्त हो जाता है।]

अशोक : क्या बात है महामात्य? यह कोलाहल किसलिए हो रहा था?

महामात्य : एक उपद्रवी युवक राजप्रासाद को आग लगाने की चेष्टा करता हुआ पकड़ा गया है। प्रहरी देशपाल उसे बन्दी करके ला रहा है।

[प्रहरी एक बलिष्ठ नवयुवक को रस्सियों से बाँधे हुए लेकर आता है। सैनिक झुककर अभिवादन करता है।]

देशपाल : देवानां प्रिय प्रियदर्शी महाराज की जय!

[नवयुवक सीधा लापरवाही से खड़ा रहता है।]

महामात्य : अभिवादन करो युवक! तुम्हें मर्यादा का कुछ तो ध्यान होना चाहिए।

[युवक उत्तर नहीं देता।]

महामात्य : तुम जानते हो कि तुम इस समय राजा के सम्मुख खड़े हो?

युवक : *(सीना तानकर बँधी रस्सियों से बाहर उभरने लगता है)* जानता हूँ।

महामात्य : *(क्रोध से)* पर यह सम्भवतः नहीं जानते कि राजा की अवज्ञा करना राजप्रासाद में आग लगाने से भी बड़ा अपराध है?

युवक : *(घृणापूर्वक मुस्कुराकर)* जानता हूँ।

महामात्य : तो यह भी जानते होगे कि इस अपराध के लिए तुम्हें मृत्युदंड दिया जा सकता है?

युवक : यह भी जानता हूँ।

महामात्य : तो और कुछ जानना शेष नहीं है। इसे यहाँ से ले जाओ देशपाल!

अशोक : ठहरो महामात्य! हम इस युवक से कुछ बात करना चाहते हैं।... तुम अपना अपराध स्वीकार करते हो युवक?

युवक : *(दृढ़तापूर्वक)* नहीं।

अशोक : तो तुमने राजप्रासाद में आग लगाने का प्रयत्न नहीं किया?

युवक : उसी प्रयत्न के लिए तो मैं यहाँ लाया गया हूँ।

अशोक : तो तुम इस प्रयास को अपराध नहीं समझते?

युवक : कदापि नहीं।

अशोक : कारण?

युवक : कारण बताना मैं आवश्यक नहीं समझता। परन्तु यदि फिर अवसर मिले तो मैं फिर ऐसा ही प्रयत्न करना अनुचित नहीं समझूँगा। मैं जो कुछ कर रहा था, धर्म और न्याय समझकर कर रहा था।

अशोक : धर्म और न्याय समझकर? छिपकर राजप्रासाद में आग लगाने को तुम धर्म और न्याय कहते हो?

युवक : यह आवश्यक नहीं है कि जो आपके लिए धर्म और न्याय है, वही मेरे लिए भी हो।

अशोक : तुम यह समझते हो कि तुम इस तर्क से दंड से बच सकते हो?

युवक : मैं किसी भी तर्क से दंड से बचना नहीं चाहता।

असंधिमित्रा : ठीक से बात करो युवक! तुम बताओ कि तुम क्यों राजप्रासाद में आग लगाने का प्रयत्न कर रहे थे? महाराज तुम्हारे साथ न्याय करेंगे।

[नवयुवक एक बार ध्यान से असंधिमित्रा के मुख की ओर देखता है।]

युवक : महाराज, मेरे साथ न्याय करेंगे? परन्तु मुझसे पहले एक और अपराधी के साथ न्याय होना चाहिए, जिसने मेरा घर उजाड़ा है और मेरी बहन का सुहाग छीना है।

असंधिमित्रा : आवेश में बात मत करो युवक! उस अपराधी के साथ भी न्याय होगा। बताओ, वह कौन व्यक्ति है और उसने ऐसा क्यों किया है?

युवक : यदि मैं बतला दूँ तो क्या आप उसे दंड दिलवा सकेंगी?

असंधिमित्रा : अवश्य। परन्तु यदि वह अपराधी सिद्ध हुआ तो। तुम बताओ, वह कौन है और उसने तुम्हारे साथ ऐसा क्यों किया है?

युवक : उसने ऐसा क्यों किया है, यह तो वही बता सकता है। परन्तु वह कौन है, यह मैं बताए देता हूँ। महादेवी उस व्यक्ति से अपरिचित नहीं हैं। वह अपराधी भी दूर नहीं है। *(अशोक की ओर संकेत करके)* यह राजा है, वह भयंकर अपराधी।

[देशपाल तथा महामात्य दोनों एकदम खड्ग खींच लेते हैं। नवयुवक की दृढ़ता में अन्तर नहीं आता। असंधिमित्रा की आँखें चमक उठती हैं। अशोक की मुद्रा गम्भीर हो जाती है। उसके संकेत से तलवारें म्यानों में चली जाती हैं।]

महामात्य : धृष्टता की एक सीमा होती है युवक!..तुम जानते हो, तुम क्या कह रहे हो?

युवक : कम-से-कम इतना जानता हूँ कि यह राजा अशोक का धर्मराज्य है और यहाँ अपराधी को अपराधी कहनेवाला दंड का अधिकारी समझा जाता है।

अशोक : पूरी बात कहो युवक! हमने कब किस रूप में तुम्हारे साथ यह अपराध किया है?

युवक : मुझ अकेले के साथ ही नहीं, आपने मेरे जैसे सहस्रों व्यक्तियों के घरों में यही अपराध किया है...

अशोक : हमने अपराध किया है?

युवक : हाँ...हाँ, मेरे घर में, मेरी भूमि पर, आपने बार-बार यह अपराध किया है। सुख और शान्ति में पलते हुए मनुष्यों के जीवन में आपने घोर हाहाकार पैदा कर दिया है। हास्य और विनोद से मुखरित अलिंदों को आपने रोदन और चीत्कार से भर दिया है।

अशोक : यह तुम कहाँ की बात कह रहे हो बन्दी?

युवक : मैं राजा अशोक के फैलते हुए साम्राज्य की बात कह रहा हूँ, जहाँ सूर्योदय के समय अपने सौभाग्य पर इठलाती हुई नवयुवतियाँ दिन ढलने से पहले चूड़ियाँ तोड़ लेती हैं। जहाँ लहू बहता है और माँग का सिन्दूर पुँछ जाता है...

असंधिमित्रा : रहने दो युवक! इस प्रसंग को और दूर तक मत ले जाओ। इससे अधिक मैं नहीं सुन सकती...*(मुख पर वेदना और आँखों में आँसू चमक उठते हैं।)*

युवक : आपमें सुनने की सामर्थ्य नहीं है महादेवी! परन्तु हम यह सब कुछ सह रहे हैं। माताओं की बूढ़ी आँखों के सामने उनके युवा पुत्रों की चिताएँ जलती हैं। नन्हे बच्चे को न सँभलती हुई टाँगों पर खड़े होकर पिता का दाहसंस्कार करना होता है। पति का मुख देखने से पहले किसी को उसकी हड्डियाँ चुननी पड़ती हैं। हममें यह सब देखने की कितनी सामर्थ्य है यह भी कभी सोचा है महादेवी?

[असंधिमित्रा विह्वल हो जाती है। अशोक का सिर झुक जाता है। महामात्य असूयाभरी दृष्टि से युवक की ओर देखता है। युवक बारी-बारी उन सबकी ओर देखता हुआ, सूखे होंठों पर जिह्वा फेरता है। दो क्षण निःस्तब्धता।]

महामात्य : इस प्रलाप को रहने दो युवक! हम देख रहे हैं कि तुम्हें शब्दजाल रचना बहुत आता है। परन्तु तुम सोचते हो कि इस शब्दजाल से तुम्हें कुछ सिद्धि प्राप्त होगी तो यह तुम्हारा भ्रम है। इस समय जो युद्ध किया जा रहा है, वह हमारा धर्म है, यश है...

युवक : और खेल है। वह धर्म है क्योंकि उससे आपका महत्त्व बढ़ता है। यश है क्योंकि उसमें बलिदान दूसरों का होता है। और खेल है क्योंकि दाँव पर लगाने को हम जैसे मिट्टी के पुतले बहुत हैं।

महामात्य : अब अपनी जिह्वा पर अंकुश रखो युवक, अन्यथा...

अशोक : ठहरो महामात्य, उसे कह लेने दो।

युवक : मुझे कुछ भी नहीं कहना है। मैं जानता हूँ कि शासक अपराध करके भी दंड का भागी नहीं होता। अधिकार हर अन्याय को न्याय और हर अधर्म को धर्म बना देता है। अधिकार दंड देता है, उसे कोई दंड नहीं दे सकता। मैं प्रस्तुत हूँ। मुझे दंड दीजिए। मैंने अपने देश पर हुए अत्याचार का बहुत साधारण

प्रतिशोध लेना चाहा है। मेरे हृदय में अपने देश के लिए ममत्व की भावना है। वह भावना आपके सम्मुख अपराधिनी है। उस भावना को दंड दीजिए।

असंधिमित्रा : तुम्हें दंड पाने का आग्रह क्यों है युवक? तुम्हें इस साधारण अपराध के लिए क्षमा भी किया जा सकता है...

युवक : नहीं महादेवी! मुझे क्षमा नहीं चाहिए। मैं अपराधी नहीं हूँ जो क्षमा की याचना करूँ। अपराधी किसी को दंड दे तो उसका एक और अपराध बढ़ जाता है। मैं कलिंग के भावी विजेता से दंड चाहता हूँ।

महामात्य : आप इस युवक को व्यर्थ ही प्रश्रय दे रही हैं महादेवी! इसे सबसे पहले यह सीख मिलनी चाहिए कि राजा का आदर किस तरह से किया जाता है।

युवक : राजा का आदर? आप मुझे राजा का आदर करना सिखाएँगे?... मैंने अपनी माँ का आदर करना सीखा है। उसके वक्ष पर जिसकी तलवार चलती है, उसका आदर करना सीखकर मैं माँ की हत्या में हाथ बँटाऊँगा?

महामात्य : बहुत हो चुका है युवक! महाराज अभी तुम्हारे लिए व्यवस्था दे देते हैं।...इस धृष्ट युवक के लिए मैं मृत्युदंड के अतिरिक्त और किसी व्यवस्था की सम्मति नहीं दे सकता महाराज! आदेश दीजिए, जिससे...*(दूर से आवाज आती है) नहीं...नहीं...*

तारा : *(आती हुई)* नहीं...नहीं, इसे दंड मत दीजिए! मैं इसकी ओर से आपसे क्षमा माँगती हूँ, इसे दंड मत दीजिए!

युवक : यह क्या उन्माद है तारा? तुम क्यों यहाँ चली आई हो? इन नृशंस अत्याचारियों से अपने भाई के लिए क्षमा माँगकर तुम उसे अपमानित करना चाहती हो?

तारा : नहीं, मैं तुझे अपमानित नहीं करना चाहती। मुझे तेरे और अपने प्राणों की चिन्ता नहीं है, पर इस जीव की चिन्ता है। तेरे चले जाने पर इस जीव की देखभाल कौन करेगा? मेरे वक्ष में तो इसे पिलाने के लिए दूध भी नहीं है...

असंधिमित्रा : धैर्य रखो बहन! तुम्हें अपने भाई और बच्चे के लिए चिंतित होने की आवश्यकता नहीं। मैं तुम्हारी हर सहायता करने के लिए प्रस्तुत हूँ।

तारा : आप मेरी हर सहायता करने के लिए प्रस्तुत हैं? हाँ, आप महादेवी हैं, आप क्या नहीं कर सकतीं? तो आप इस बच्चे

के भरण-पोषण का भार ले लीजिए। मैं और मेरा भाई दोनों मृत्युदंड पाने को प्रस्तुत हैं। मेरी दशा ने ही इसके अन्तर में प्रतिहिंसा की ज्वाला जलाई है। वास्तव में अपराधिनी मैं हूँ। इस बच्चे को मुझसे ले लीजिए और मेरे लिए दंड का आदेश दे दीजिए। मैं आधी मर चुकी हूँ, परन्तु यह मुझे पूरी तरह मरने नहीं देता। लीजिए, इसे अपने पास रख लीजिए...

[बच्चे के सहसा रो उठने और फिर चुप हो जाने का शब्द।]

तारा : आप चुप क्यों हैं महादेवी? आपने कहा था कि आप कुछ भी कर सकती हैं। यह बच्चा मुझसे अलग नहीं होता। आप इसे अलग नहीं कर सकतीं?...जा बेटे, देख ये हमारी नई महादेवी हैं।...अब हम इनकी छत्रछाया में रहते हैं। तेरी माँ नहीं रहेगी, तो ये तेरी पालना करेंगी।...तेरी माँ के पास तो तेरे लिए दूध भी नहीं है। इनके पास बहुत धन-धान्य है...सारी धरती का अन्न इनका है। ...चला जा बेटे!...ये तुझे सोने से सजाकर रखेंगी। छोड़, तू मेरे साथ क्यों चिपट रहा है?...जा...जा इनके पास।

[बच्चा पुनः रो उठता है।]

तारा : नहीं जाएगा?...माँ को इतना भी सुख नहीं दे सकता? *(रुआँसे स्वर में)* देखो महादेवी, यह कैसा बच्चा है! यह मुझसे अलग नहीं होता। मैंने पति के साथ चिता पर जल जाना चाहा था तो इसने जलने नहीं दिया। अब मैं अपने भाई के साथ मृत्युदंड चाहती हूँ तो यह उस इच्छा के मार्ग में भी बाधक बन रहा है।...आप हम दोनों के साथ इसे भी मृत्युदंड दे दीजिए। यही एक उपाय है, जिससे हम सब सुखी हो सकते हैं, मैं भी, मेरा भाई भी और यह भी।

युवक : यह उन्माद का अवसर नहीं है तारा! मैं नहीं चाहता कि तुम इस उन्माद से शासकों की दया-माया को जगाओ। हमें किसी की कृपा दृष्टि नहीं चाहिए। इन्हें मेरे लिए दंड विधान करने दो। तुम बच्चे को लेकर यहाँ से चली जाओ।

तारा : कहाँ चली जाऊँ? तुम साथ नहीं रहोगे, तो यह पेट ही हमें मृत्यु-दंड दे देगा। उससे अच्छा है कि तुम्हारे साथ रहूँ। इस मृत्यु में एकाकीपन का अनुभव तो न होगा।

अशोक : यह तुमने कैसे सोच लिया बहन कि हम तुम्हारे भाई के लिए मृत्युदंड की ही व्यवस्था करने जा रहे हैं? हम तुम्हारी व्यथा से किस तरह व्यथित हैं, यह शायद हम व्यक्त न कर सकें। देशपाल, इस युवक के बन्धन खोल दो।

[असंधिमित्रा के मुख पर गौरवमय स्मित की रेखाएँ खिंच जाती हैं। महामात्य आश्चर्य से अशोक की ओर देखता है। देशपाल बन्धन खोलने लगता है। युवक गम्भीर हो जाता है।]

युवक : नहीं, मेरे बन्धन खोलने से पहले मेरे लिए दंड की व्यवस्था होनी चाहिए। मैं स्वतंत्रता की भिक्षा नहीं चाहता।

अशोक : यह स्वतंत्रता की भिक्षा नहीं है युवक! तुमने अपनी स्वतंत्रता की याचना नहीं की। हमने तुम्हें कुछ दिया नहीं है, तुमसे कुछ लिया ही है। हम तुम्हारी देन को सदा स्मरण रखेंगे। और बहन, तुम्हारे पति की मृत्यु युद्ध में हुई है, इसलिए अपने बालक के उचित लालन-पालन के लिए तुम्हें जितने धन की आवश्यकता हो, वह तुम्हें राजकोष से दिया जाएगा...

युवक : दंड देने, न देने के लिए आप स्वतंत्र हैं। परन्तु किसी का उपकार ग्रहण करने, न करने की स्वतंत्रता हमको है। हमें आपका कोई भी उपकार नहीं चाहिए।

असंधिमित्रा : यह उपकार नहीं है युवक...

युवक : सद्भावना है? परन्तु हमें आपकी सद्भावना की भी अपेक्षा नहीं है। अपनी आवश्यकताओं के लिए हम अपने पर निर्भर रह सकते हैं और धरती और आकाश की इस विस्तीर्ण सम्पत्ति पर।

अशोक : हम तुम्हारी इस भावना का भी आदर करते हैं युवक! देशपाल, इन्हें राजप्रासाद के बाहर तक पहुँचा दो।

[देशपाल अशोक का अभिवादन करता है। तारा कृतज्ञता ज्ञापित करती है। युवक चुपचाप असंधिमित्रा को अभिवादन करता है। तीनों का प्रस्थान।]

महामात्य : इस उद्दंड युवक को बन्धन-मुक्त करना नीति के अनुकूल नहीं कहा जा सकता महाराज! आज यह जिस प्रयत्न में असफल रहा है, कल यह उसी प्रयत्न में सफल भी हो सकता है।

अशोक : तो भी हमें अपने निर्णय के लिए खेद नहीं होगा। इस युवक की उद्दंडता एक वरदान थी महामात्य! उसने हमारे सामने

यथार्थ का एक ऐसा पक्ष प्रस्तुत किया है, जिसकी ओर से हमारी आँखें मुँदी हुई थीं। आज हमारा हृदय बार-बार हमें धिक्कारता है कि सचमुच हमने अपराध किया है। हमें विश्वास हो रहा है कि जिसे हम विजय कहते हैं, वास्तव में वह अधिकार-प्राप्ति के लिए मनुष्यता की पराजय है। नहीं, महामात्य, हमें यह विजय नहीं चाहिए। युद्ध तुरन्त बन्द कर देना होगा।

महामात्य : युद्ध बन्द कर देना होगा? यह आप कैसी बात कह रहे हैं महाराज? दो व्यक्तियों के प्रलाप से इस तरह अस्थिर हो उठना आपको शोभा नहीं देता। राजनीतिज्ञ का हृदय शिलालेख की तरह कठोर होना चाहिए...

अशोक : नहीं, अब हम वह शिलाखंड नहीं हो सकते। यह दो व्यक्तियों के प्रलाप की ही बात नहीं है। ऐसे भी तो अनेक स्वर होंगे, जिनमें हमारे कानों तक पहुँचने की शक्ति नहीं है। हमने निर्णय कर लिया है महामात्य! युद्ध तुरन्त बन्द कर देना होगा।

महामात्य : पूर्ण विजय के निकट पहुँचकर हम युद्ध बन्द कर देंगे? हमारे सैनिकों पर इसका क्या प्रभाव पड़ेगा? सीमा प्रदेशों के शासक क्या सोचेंगे? दूसरे देशों के लिए हमारी राजनीति का क्या मान रह जाएगा?

अशोक : आज जो विराट हम अपने सामने देख रहे हैं, राजनीति का मान उसके सामने बहुत तुच्छ प्रतीत होता है महामात्य! आज इस विराट में चारों ओर रक्त के बिन्दु तड़पते दिखाई देते हैं या चिनगारियाँ उड़ती दिखाई देती हैं। अनेकानेक नरकंकाल अपनी चर्महीन आँखों से हमारी ओर संकेत करके कहते हैं कि हमने अपराध किया है। नहीं, महामात्य, अब और अधिक युद्ध नहीं होगा। जो हो चुका है, हम उसके लिए भी अपने आगे लज्जित हैं। इसी समय युद्ध बन्द करने का आदेश-पत्र भेज दीजिए।

महामात्य : परन्तु महाराज...

असंधिमित्रा : महाराज की आज्ञा का पालन होना चाहिए महामात्य! आपके वीर हृदय की कुंठा को मैं समझ सकती हूँ। परन्तु मानव धर्म वीर धर्म से कहीं ऊँचा है। आप आदेशपत्र लिपिबद्ध कीजिए।

महामात्य : मैं सेवक के रूप में अपने धर्म का पालन करूँगा, परन्तु...

असंधिमित्रा : आप लिखिए महामात्य!—देवानां प्रिय प्रियदर्शी महाराज यह आदेश देते हैं...

महामात्य : *(लिपिबद्ध करते हुए)*—देवानां प्रिय प्रियदर्शी महाराज यह आदेश देते हैं—

असंधिमित्रा : कि कलिंग की राजधानी तक पहुँची हुई हमारी सेनाएँ...

महामात्य : कि कलिंग की...राजधानी तक पहुँची हुई हमारी सेनाएँ...

असंधिमित्रा : इस आदेशपत्र के प्राप्त होते ही तुरन्त युद्ध बन्द करके पाटलिपुत्र की ओर प्रस्थान कर दें।

महामात्य : इस आदेशपत्र के प्राप्त होते ही...तुरन्त युद्ध बन्द करके... पाटलिपुत्र की ओर प्रस्थान कर दें।

असंधिमित्रा : युद्ध की विभीषिका ने देवानां प्रिय प्रियदर्शी के हृदय को बहुत पीड़ित किया है।

महामात्य : युद्ध की विभीषिका ने देवानां प्रिय प्रियदर्शी के हृदय को बहुत पीड़ित किया है।

असंधिमित्रा : इसलिए विजय निश्चित होते हुए भी वे युद्ध बन्द करने का आदेश दे रहे हैं।

महामात्य : इसलिए विजय निश्चित होते हुए भी...वे युद्ध बन्द करने का...

[सहसा दुंदुभियों का शब्द सुनाई देने लगता है।]

अशोक : ये दुंदुभियाँ सहसा क्यों बज उठीं? क्या यह हमारे इस आदेश का दैवी अभिनन्दन है?

महामात्य : यह दुंदुभियों का स्वर इस बात की सूचना देता है महाराज कि अब हमारे इस आदेशपत्र को भेजने का कोई अर्थ नहीं है। कलिंग पर देवानां प्रिय प्रियदर्शी की सेनाएँ पूर्ण विजय प्राप्त कर चुकी हैं...

अशोक : कलिंग पर पूर्ण विजय हो चुकी है? कितना बड़ा व्यंग्य है। इन दुंदुभियों के स्वर में?

[दुंदुभियों का स्वर निकट आकर फिर दूर चला जाता है।]

अशोक : इस विजय को हम अपनी पराजय समझते हैं महामात्य! हमारी सद्भावना आज पराजित हुई है।

महामात्य : इसे हम अपनी दुर्बलता की पराजय भी तो समझ सकते हैं महाराज! विजय का क्षण अपने में इतना महान है कि हृदय में किसी हीन भावना का अवकाश ही नहीं होना चाहिए। मन से ग्लानि दूर कर दीजिए और आनन्द के इस पर्व में अपना सहयोग दीजिए...

अशोक : तुम इसे आनन्द का पर्व कहते हो महामात्य! तुम हमारे हृदय में उतर सकते तो तुम देखते कि हम इस समय कितनी व्यथा का अनुभव कर रहे हैं। यदि समय हमारी इस विजय का साक्षी न होता...

चर : देवानां प्रिय प्रियदर्शी महाराज की जय! यह दास कलिंग पर पूर्ण विजय के उपलक्ष्य में आपको बधाई देने के लिए उपस्थित हुआ है।...साथ ही एक हृदयविदारक समाचार सुनाने के लिए क्षमा चाहता है।

अशोक : अभी हृदयविदारक समाचार शेष है? कहो देवगुप्त, हम सुनने के लिए प्रस्तुत हैं।

चर : जब हमारी सेनाएँ शत्रु की राजधानी पर अन्तिम आक्रमण कर रही थीं...

अशोक : हाँ-हाँ, कहो...

चर : तो महामात्य के आत्मज कुमारामात्य कुमारसेन...बाहुबल का परिचय देते हुए वीरगति पा गए।

असंधिमित्रा : *(जैसे स्वगत)* कुमार नहीं रहा।...कैसी विडम्बना है! प्रकृति आज सभी व्यंग्य एक साथ करना चाहती है।...मैंने सुजाता बहन को क्या-क्या आश्वासन दिए थे...ओह!

अशोक : हमारे पास कहने के लिए शब्द नहीं रहे महामात्य! जैसे विचार के सब सूत्र सो गए हैं। कुमार के न रहने से हृदय का अन्तिम आश्वासन भी तो टूट गया है।

[सुजाता के हँसने का शब्द सुनाई देता है। उसके स्वर में वृद्धा के स्वर की प्रतिध्वनि-सी है।]

सुजाता : कुमार नहीं रहा!...मैं जानती थी, वह नहीं रहेगा।...यह उत्सव और समारोह का अवसर है।...उसकी मृत्यु का उत्सव मनाओ...विजयस्तम्भ खड़े करो।...शिलाखंडों पर विजय का इतिहास अंकित करो।...यह आनन्द...

[नेपथ्य में शंख और घंटा ध्वनि होने लगती है। अशोक हतप्रभ और थका-हारा-सा दिखाई देता है।]

[पर्दा गिरता है।]

कलिंग-विजय : दो

पात्र

असंधिमित्रा : अशोक की सम्राज्ञी
पद्मा : एक दासी
राजी : एक सामन्त की माँ
अशोक : मौर्य-सम्राट्
महामात्य : अशोक का प्रधानमंत्री
युवक : एक युद्ध बन्दी
युवती : एक सद्यःविधवा
युवती का बालक
द्वारपाल
देशपाल
देवगुप्त } : सैनिक
विजयगुप्त : चर

पहला दृश्य

[अशोक के राज्याभिषेक के आठवें वर्ष उसकी सेनाओं ने कलिंग पर आक्रमण किया। देवानां-प्रिय प्रियदर्शी राजा की सेनाएँ शत्रुओं को परास्त करती हुईं आगे बढ़ने लगीं। पूर्ण विजय अब कुछ ही चिर की बात रह गई।]

[तभी एक दिन दूर से एक करुण-गीत का स्वर अशोक के विहारोद्यान में चलने वाली वायु में आकर मँडराया। पत्ते काँप उठे। वृक्ष सिहर गए। धीरे-धीरे स्वर बहुत निकट आने लगा। वायु में उसका कम्पन बहुत तीव्र होकर बढ़ा। सबसे पहले उसने महादेवी असंधिमित्रा के हृदय को उद्वेलित किया।]

[पर्दा उठने से पहले संगीत : पहले ध्वनि दूर से सुनाई देती है। फिर क्रमशः निकट होती जाती है।]

बेबस मन जो आस लगाए—
उसकी डोरी हाथ न तेरे, फिर तू क्यों भरमाए?
पंख कटे हों जिस पंछी के, कहाँ भला उड़ पाए?
पंखुरियाँ बिखरीं जिसकी, वह फूल कहाँ मुस्काए?
जिसमें तेल न बाती, कैसे दीपक वह जल जाए?

[पर्दा धीरे-धीरे उठने लगता है। नेपथ्य में संगीत का स्वर चल रहा है :]

बेबस मन जो आस लगाए—
बेबस मन जो आस लगाए—

[पर्दा उठ जाने पर अशोक का विहारोद्यान दिखाई देता है। महादेवी असंधिमित्रा एक वृक्ष के नीचे शिला पर बैठी, तन्मय होकर उस गीत को सुन रही हैं। पद्मा कुछ फूल उनके केशों में सजा-सजाकर लगा रही है। गीत अचानक रुक जाता है। असंधिमित्रा तन्मयता से जागती है।]

असंधिमित्रा : कौन गा रहा था पद्मा? इस स्वर की वेदना हृदय पर छाई जा रही थी। अपनी पूरी हिलोर में पहुँचकर स्वर ऐसे रुक गया जैसे जलता हुआ दीपक पूरी लौ दिखाकर बुझ गया हो।

पद्मा : महलों के पीछे उत्तर की ओर जो खँडहर हैं, उधर से ऐसी ही आवाज कभी-कभी आया करती है देवि! पर आज तो शब्द बहुत तीखा और साफ़ सुनाई दे रहा था।

असंधिमित्रा : उद्यान से बाहर देख पद्मा! जिसके गले का यह स्वर है, उसे मैं देखना चाहती हूँ। उसे यहाँ ले आ। मैं उसे पुरस्कार दूँगी।

[पद्मा हाथ के फूल को असंधिमित्रा के केशों में लगाकर बाहर चली जाती है। असंधिमित्रा उसी ओर देखती रहती है। अचानक फूल उसके केशों से निकलकर गिर जाता है। असंधिमित्रा फूल की पंखुड़ियों से धूल झाड़ती है। पंखुड़ियाँ बिखर जाती हैं। पद्मा एक मलिन-वसना वृद्धा के साथ प्रवेश करती है, जिसकी देह दोहरी हो रही है। झुकी हुई देह को और भी झुकाकर अभिवादन करती है।]

पद्मा : यही भिखारिन राजमार्ग पर गा रही थी देवि!

[वृद्धा अपनी करुण ज्योति-हीन आँखों से असंधिमित्रा को ताकती है।]

वृद्धा : क्षमा कर दीजिए महादेवि, मैं...

असंधिमित्रा : *(आश्चर्य से)* क्षमा?...क्षमा किसलिए?

वृद्धा : क्षमा इसलिए कि बुढ़ापे में अपराध जान-बूझकर नहीं किए जाते। मैं भूल गई थी महादेवि, कि बेबसी की आवाज़ राजमहलों के अन्दर नहीं जानी चाहिए।

असंधिमित्रा : तुम भूल रही हो भिखारिन...

वृद्धा : *(आतुरता से)* हाँ महादेवि! मुझे देर से ध्यान आया कि मैं राजा के उद्यान तक चली आई हूँ। मैंने स्वर को रोका। पर तब तक वह उन सीमाओं को लाँघ चुका था, जिनके उस ओर जाने के लिए आज्ञापत्र की आवश्यकता होती है।

असंधिमित्रा : तुम क्या कह रही हो भिखारिन? तुम्हारे संगीत ने मेरे हृदय को मुग्ध कर लिया है। मैं तुम्हें पुरस्कार देना चाहती हूँ।

[असंधिमित्रा अपनी उँगली से अँगूठी उतारने लगती है। वृद्धा तनिक सीधी होने की चेष्टा करती हुई गम्भीर दृष्टि से उसकी ओर देखती है।]

वृद्धा : मेरे हृदय की वेदना से महादेवि का मनोरंजन हुआ, यही मेरे लिए बड़ी बात है। मैं अपनी व्यथा का पुरस्कार नहीं चाहती। *(आँखें भर आती हैं।)*

असंधिमित्रा : व्यथा का पुरस्कार नहीं भिखारिन! यह साधारण अँगूठी...

वृद्धा : यह साधारण अँगूठी बहुत महँगी है, महादेवि! और मैं तो कोई भिखारिन भी नहीं, केवल एक सामन्त की माँ हूँ।

[असंधिमित्रा एकदम खड़ी हो जाती है।]

असंधिमित्रा : सामन्त की माँ? *(उसकी ओर संकेत करके)* और इस वेश में? तुम्हें अपने पुत्र की मर्यादा का तनिक भी विचार नहीं?

वृद्धा : *(धीरे-से)* मैं एक मरे हुए सामन्त की माँ हूँ, महादेवि! *(ऊपर से नीचे तक अपने को देखकर फिर आँखें भर लेती है।)* वह मेरा उजड़ा हुआ ऐश्वर्य है। अब मेरे पुत्र के पीछे एक सहस्र अश्वारोही नहीं चलते।

असंधिमित्रा : *(संवेदनापूर्वक)* मुझे बहुत दुःख है। महाराज तुम्हारी हर तरह से सहायता करेंगे। वे प्रजा में किसी को दुःखी नहीं देख सकते। उनकी राज्य भूमि धर्म-भूमि है। तुम...*(वृद्धा की आँखों का ज्वलन्त भाव देखकर अचानक रुक जाती है।)*

वृद्धा : *(छिले हुए स्वर में)* सुनती हूँ महादेवि, इस धर्मभूमि की सीमाओं का विस्तार किया जा रहा है।

असंधिमित्रा : *(उसकी ध्वनि से कुछ विक्षुब्ध होकर)* तुमने ठीक सुना है। महाराज सारे देश को आततायियों के पंजे से छुड़ाकर सुख और शान्ति के छत्र में ले आना चाहते हैं।

वृद्धा : सुख और शान्ति?...और उस सुख और शान्ति की अग्रदूत बन कर जाती है लहू से रंगी हुई तलवार!

असंधिमित्रा : *(स्थिर दृष्टि से वृद्धा के मुख की ओर देखकर)* मैं तुम्हारा मतलब नहीं समझी।

वृद्धा : *(रानी की आँखों में देखती हुई)* मतलब समझना कुछ कठिन नहीं, महादेवि! मैंने लड़ाइयाँ सही हैं। युद्ध की मार-काट से सुख और शान्ति राजा को मिलती होगी, मरने और कटनेवालों को नहीं मिलती।

असंधिमित्रा : *(कुछ अस्थिर होकर)* मरनेवालों को यश मिलता है। राजा का जीवन प्रजा के लिए होता है, यह क्या तुम नहीं समझतीं?

वृद्धा : अब नई बात समझने की शक्ति नहीं रही, महादेवि! पर इतना जानती हूँ कि यश भी राजा के लिए होता है, मरनेवालों के लिए नहीं। मरनेवाले को जो कुछ मिलता है, वह मेरे पास देख लो। *(अपनी झोली फैलाकर)* इस फटी हुई झोली में कितना यश भरा है।

असंधिमित्रा : *(हथेलियों में आँखें छिपाकर)* नहीं-नहीं, मैं नहीं देख सकती तुम्हारी झोली के छेद!—इन्हें ढाँक लो। मैं नहीं देख सकती। *(आँखों से हाथ हटा लेती है। पलकों में आँसू चमक रहे हैं।)*

वृद्धा : अमूल्य आँसुओं को न गँवाइए महादेवि! मैं अभागिन हूँ। मुझे क्षमा कर दीजिए।

[असंधिमित्रा झट आँखें पोंछ लेती है।]

असंधिमित्रा : *(सोद्वेग)*...तुम बताओ माँ, मैं क्या कर सकती हूँ?

वृद्धा : महादेवी क्या कर सकती हैं, यह मैं नहीं जानती। बहती हुई रक्तधाराएँ विजय के उन्माद में राजाओं को बहुत भली लगा करती हैं। आप चाहें तो महाराज को समझा सकती हैं कि प्रजा के हर मनुष्य के लहू में उतनी ही गरमी होती है जितनी राजा के लहू में।

असंधिमित्रा : *(शिथिल आवाज़ में)* महाराज को प्रजा के हित की बात बतानी होगी? उन्हें, जो सारी प्रजा के पिता हैं!

वृद्धा : अँधेरे में पिता सन्तान को कुचल सकता है। पर जानती हैं, आप प्रजा की माँ हैं? माँ गहरे अँधेरे में भी बच्चे की धड़कन दूर से सुन लेती है।

[असंधिमित्रा चिन्तित होकर शिला पर बैठ जाती है।]

वृद्धा : मैं जा रही हूँ महादेवि! अपराध हुआ है, सो क्षमा कर देना। बेटा गया तो शायद मेरी बुद्धि भी चली गई।

[अभिवादन कर धीरे-धीरे चली जाती है।]

असंधिमित्रा : *(स्थिर दृष्टि से सामने की ओर देखती हुई)* प्रजा के हर मनुष्य के लहू में उतनी ही गरमी होती है, जितनी राजा के लहू में... अँधेरे में पिता सन्तान को कुचल सकता है! माँ अँधेरे में भी बच्चे की धड़कन दूर से सुन लेती है...।

[पट-परिवर्तन]

दूसरा दृश्य

[पर्दा उठने पर अशोक का उपवेश-गृह दिखाई देता है। बीच में एक बड़ा सिंहासन है जिसके दोनों ओर दो छोटे सिंहासन रखे हैं। बीच के सिंहासन पर अशोक और दाईं ओर के सिंहासन पर महामात्य बैठे हैं।]

अशोक : ठीक है महामात्य! हमारी सेना के सामने विरोधी टिक सकेंगे, अब ऐसी संभावना नहीं। पर कुमारसेन का कोई समाचार नहीं आया, यह बात रह-रहकर हमें उद्विग्न कर देती है। कुमार पुत्र तुम्हारा है, पर हमें उससे कितना मोह है, कितनी आशा है, वह यह तुम जानते ही हो।

महामात्य : समाचार आ जाएगा महाराज! शायद विजय का समाचार लेकर कुमार स्वयं ही आए।

अशोक : हम चाहते हैं, यही हो। पर फिर भी हृदय शान्त नहीं होता।

महामात्य : अशान्त होने का कोई कारण नहीं महाराज! कलिंग-विजय की कीर्ति युगों तक शिलाओं के वक्ष पर खुदी रहेगी। एक महान् विजेता, एक महान् नेता और एक महान् शासक के रूप में महाराज को इतिहास सदा स्मरण रखेगा। मैं सोच रहा हूँ कि विजय के उपलक्ष में एक व्यापक समारोह हो, जो आनन्द और उल्लास की बाढ़ चारों ओर फैला दे। देश-भर के घरों में दीपमाला हो...

[असंधिमित्रा का प्रवेश। महामात्य बोलते-बोलते रुककर अभिवादन करता है।]

असंधिमित्रा : महामात्य, जिन घरों के जीते-जागते दीपक युद्ध की आँधी ने बुझा दिए हैं, उन घरों में दीये कौन जलाएगा? राजा की आज्ञा या उनकी बेबसी? *(धीरे-धीरे आकर अशोक की बाईं ओर बैठ जाती है।)*

महामात्य : *(आश्चर्य से)* महादेवि!

असंधिमित्रा : हाँ महामात्य! जहाँ बालयुवतियाँ रणक्षेत्र में सुहाग की आहुति दिए जाने पर दो बूँद जल गिरा लेने का अवसर भी न पाएँगी, वहाँ यह आनन्द और उल्लास की बाढ़ कैसे पहुँच जाएगी? क्या हमारी आज्ञा से उन्हें आँसू पीकर भी हँसना होगा?

अशोक : कैसी बात कर रही हो रानी? जानती हो अशोक ने आज तक अन्याय नहीं किया, कभी अत्याचार नहीं किया।

असंधिमित्रा : हाँ आर्य! पर हज़ारों सैनिकों के रक्त से सींची हुई पृथ्वी पर जो विजय का फूल उगेगा, उसे देखकर आनन्दित होना क्या अन्याय न होगा? जिस वायुमंडल से मरे या मर रहे सैनिकों की करुण कराहट भी विलीन न हुई होगी, उसमें कलकंठों के गान मिला देना क्या अत्याचार न कहा जाएगा?

महामात्य : विजयी राजा सदा विजय के उत्सव मनाते आए हैं महादेवि! इसमें कुछ भी अन्याय नहीं।

असंधिमित्रा : अन्याय क्यों नहीं महामात्य? बुझे हुए दिलों से दीये जलवा लेने से दीवाली नहीं की जाती। चार आदमियों के सिर झुका देने को विजय नहीं कहते।

[महामात्य भावपूर्ण दृष्टि से राजा की ओर देखकर चुप हो जाता है। अशोक आश्चर्यचकित-सा असंधिमित्रा की ओर देखता है।]

अशोक : नहीं समझ आया रानी! जिस विजय की प्राप्ति के लिए सारी शक्तियाँ लड़ जाती हैं, उस विजय का स्वागत ही समारोह के साथ न हो, यह हमारी समझ में नहीं आया।

असंधिमित्रा : क्षमा करें आर्य! जिसकी प्राप्ति के लिए शक्तियाँ लड़ती हैं, उसे विजय नहीं कह सकते। वह केवल अधिकार-प्राप्ति के लिए मनुष्यता की पराजय है।

अशोक : *(क्षण-भर असंधिमित्रा की ओर देखते रहकर)* विरोधी को लड़ कर नीचा दिखाना यदि विजय नहीं, तो विजय क्या है रानी?

असंधिमित्रा : विजय वह है आर्य, जो दूसरे को नीचा नहीं दिखाती, ऊँचा उठाती है। उसमें साम्राज्य-विस्तार मिट्टी के क्षेत्र को नहीं, मनुष्य के हृदय को अपना बनाने से होता है।

महामात्य : पर महादेवि, अनुभव कहता है कि तब तक कोई अपना नहीं बनता जब तक उसे तलवार से अपना न बना लिया जाए।

असंधिमित्रा : तलवार काटकर आगे बढ़ती है महामात्य! काटनेवाला किसी को अपना नहीं बना सकता।

अशोक : रानी, युद्ध के साधन हिंसा और रक्तपात हैं अवश्य, पर उसका उद्देश्य तो महान् है।

असंधिमित्रा : महान् को पाने के लिए अधम का आश्रय, यह कैसा तर्क है आर्य?

[अशोक दो क्षण असंधिमित्रा के मुख की ओर देखता रह कर फिर कुछ सोचने लगता है। महामात्य राजा के मुख की ओर देखता रहता है। द्वारपाल का प्रवेश।]

द्वारपाल : देवानां-प्रिय प्रियदर्शी महाराज की जय। रणभूमि से देशपाल नामक सैनिक एक युद्धबन्दी को लेकर आया है और महाराज की सेवा में उपस्थित होना चाहता है।

अशोक : आने दो।

[द्वारपाल चला जाता है। सैनिक एक बलिष्ठ नवयुवक को रस्सियों से बाँधे हुए लेकर आता है। सैनिक झुककर अभिवादन करता है। नवयुवक सीधा लापरवाही से खड़ा रहता है।]

सैनिक : देवानां-प्रिय प्रियदर्शी महाराज की जय!

महामात्य : *(नवयुवक को लक्ष्य करके)* तुमने अभिवादन नहीं किया, बन्दी!

[नवयुवक एक बार घृणापूर्वक महामात्य की ओर देखकर फिर उसी प्रकार खड़ा रहता है।]

: तुम शायद नहीं जानते कि तुम राजा के सम्मुख खड़े हो?

[नवयुवक का सीना तनकर बँधी हुई रस्सियों से बाहर उभरने लगता है।]

नवयुवक : जानता हूँ।

महामात्य : *(क्रोध से)* पर यह शायद नहीं जानते कि राजा की अवज्ञा करने से कठोर दंड भोगना पड़ता है।

नवयुवक : *(घृणापूर्वक मुस्कराकर)* जानता हूँ।

[महामात्य क्रोध से विवश होकर कोई कठोर बात कहने लगता है, पर अशोक संकेत से उसे रोक देता है।]

अशोक : इस बन्दी का क्या अपराध है, देशपाल?

देशपाल : आधी रात के समय सैन्य-शिविरों में आग लगाने की चेष्टा करते हुए इसे पकड़ा गया है, महाराज! सेनापति ने इसे यहाँ भेजा है जिससे महाराज स्वयं इसके लिए दंड की व्यवस्था करें।

[अशोक नवयुवक की आँखों में देखता है। नवयुवक के भाव में परिवर्तन नहीं आता।]

अशोक : तुम अपराध स्वीकार करते हो बन्दी?

नवयुवक : नहीं।

अशोक : रात के समय सोये हुए सैनिकों के शिविरों में छिपकर आग लगाते फिरना क्या अपराध नहीं है?

नवयुवक : *(दृढ़तापूर्वक)* नहीं।

अशोक : नहीं? समझते हो इस तरह तुम दंड से बच सकोगे?

नवयुवक : *(जरा व्यंग्य से)* नहीं!

असंधिमित्रा : ठीक-ठीक बात करो नवयुवक। आर्य तुम्हारा न्याय करेंगे।

[नवयुवक एक बार ध्यान से असंधिमित्रा के मुख की ओर देखता है।]

नवयुवक : महादेवि! महाराज पहले उस अपराधी का न्याय करें जिसने हज़ारों के घर लूटे हैं और हज़ारों की जान ली है।

असंधिमित्रा : आवेश में मत रहो नवयुवक! बोलो वह कौन-सा ऐसा अपराधी है?

नवयुवक : क्या महादेवी उस अपराधी को दंड दिलवाने में मेरी सहायता करेंगी?

असंधिमित्रा : यदि वह अपराधी सिद्ध हुआ तो अवश्य। तुम उसका नाम लो।

नवयुवक : नाम महादेवी जानती ही हैं। अपराधी भी दूर नहीं। *(अशोक की ओर संकेत करके)* यह राजा है वह भयंकर अपराधी!

[देशपाल तथा महामात्य दोनों एकदम खड्ग खींच लेते हैं। नवयुवक की दृढ़ता में अन्तर नहीं आता। असंधिमित्रा की आँखें चमक उठती हैं। अशोक की मुद्रा गम्भीर हो जाती है। उसके संकेत से तलवारें म्यानों में चली जाती हैं।]

महामात्य : होश में हो बन्दी? समझते हो तुम क्या कह रहे हो?

नवयुवक : कम-से-कम यह समझता हूँ कि यह राजा अशोक का राज्य है। यहाँ अपराधी को अपराधी कहनेवाला इसलिए होश में नहीं समझा जाता, क्योंकि वह बन्दी है।

अशोक : कहो बन्दी! पता भी चले हमने कहाँ अपराध किया है?

नवयुवक : मेरे घर में, मेरी भूमि पर, सुख और शान्ति में पलते हुए मनुष्यों के जीवन में घोर हाहाकार किसने पैदा किया है? हास्य और विनोद से मुखरित अलिन्दों को रोदन और चीत्कार से किसने भर दिया है?

अशोक : यह तुम कहाँ की बात कह रहे हो बन्दी?

नवयुवक : मैं राजा अशोक के फैलते हुए साम्राज्य की बात कह रहा हूँ। जहाँ सूर्योदय के समय सौभाग्य पर इठलाती हुई नवयुवतियाँ, दिन ढलने से पहले चूड़ियाँ तोड़ बैठती हैं। जहाँ लहू बहता है और सिन्दूर पुँछता है, जहाँ...

असंधिमित्रा : *(बात काटकर)* बस करो नवयुवक! अधिक सुनने की सामर्थ्य मुझमें नहीं है! *(मुख पर वेदना और आँखों में आँसू चमक उठते हैं।)*

नवयुवक : आपमें सुनने की सामर्थ्य नहीं है, महादेवि! पर जिन माताओं की बूढ़ी आँखों के सामने उनके जवान पुत्रों की चिताएँ जलती हैं, जिन नन्हे सुकुमार बच्चों को न सँभलती

हुई टाँगों पर खड़े होकर पिताओं के दाहसंस्कार करने होते हैं, जिन अभागिनों को पतियों के मुख देखने से पहले उनकी हड्डियाँ चुननी पड़ती हैं, उनमें कितनी सामर्थ्य है, यह भी कभी सोचा है, महादेवि?

[असंधिमित्रा विह्वल हो जाती है। अशोक का सिर झुक जाता है। महामात्य असूया-भरी दृष्टि से नवयुवक की ओर देखता है। नवयुवक बारी-बारी उन सबकी ओर देखता हुआ, सूखे होंठों पर जिह्वा फेरता है। दो क्षण निःस्तब्धता।]

महामात्य : *(क्षण-भर अशोक की ओर देखते रहने के अनन्तर)* आप क्या सोचने लगे महाराज! यह बहुत साधारण बातें हैं। युद्ध क्षत्रियों का धर्म है, यज्ञ है...

नवयुवक : और खेल है। आपके लिए वह धर्म है क्योंकि उससे चोट आपको नहीं पहुँचती, यज्ञ है क्योंकि उसमें बलि दूसरों की दी जाती है और खेल है क्योंकि दाँव पर आप नहीं लगते। पता उनको लगता है जिनकी नाड़ियों का गरम लहू मिट्टी में मिलता है।

महामात्य : *(आवेशपूर्वक)* बन्दी!

अशोक : ठहरो महामात्य, उसे कह लेने दो।

नवयुवक : मैं कह चुका। राजा के अपराधों का दंड नहीं होता, यह मैं जानता हूँ, यहाँ महादेवी भी विवश हैं और महामात्य भी। मैं प्रस्तुत हूँ। मुझे दंड दीजिए। मेरी जवानी ने देश-रक्षा का अपराध किया है। मेरी जवानी को दंड दीजिए।

[नवयुवक का मुख तमतमा उठता है। अशोक विचार मग्न-सा रहता है। कुछ निःस्तब्धता।]

अशोक : तुम दंड माँग रहे हो, बन्दी! यदि कहीं तुम क्षमा माँगते...

नवयुवक : क्षमा? किसलिए? मेरी जवानी भीख लेना नहीं जानती। दंड देकर राजा अपराधी होगा। क्षमा माँगकर मैं अपराधी बनना नहीं चाहता। मुझे दंड दीजिए।

महामात्य : बन्दी, तुमने राजा का आदर करना नहीं सीखा।

नवयुवक : सीखना चाहता भी नहीं। मैंने अपनी माँ का आदर करना सीखा है। उसकी छाती पर जिसकी तलवार चलती है, उसका आदर करना सीखकर, माँ की हत्या में हाथ बँटाना नहीं चाहता।

[असंधिमित्रा उज्ज्वल दृष्टि से नवयुवक की ओर देखती है। अशोक भी स्थिर दृष्टि से नवयुवक के मुख की ओर देखता हुआ कुछ क्षण आत्म-विस्मृत रहता है। फिर वह महामात्य की ओर देखता है। महामात्य की आँखें झुक जाती हैं।]

अशोक : नवयुवक, तुम्हें और क्या कहना है?

नवयुवक : मुझे और कुछ नहीं कहना।

अशोक : तो नवयुवक, हमारा यह आदेश है कि तुम्हें बन्धनमुक्त कर छोड़ दिया जाए। देशपाल! बन्धन खोल दो।

[असंधिमित्रा के मुख पर गौरवमय स्मित की रेखाएँ खिंच जाती हैं। महामात्य आश्चर्य से अशोक की ओर देखता है। देशपाल बन्धन खोलने लगता है। नवयुवक का मुख गम्भीर हो जाता है।]

नवयुवक : यह मुझे स्वतन्त्रता की भिक्षा मिल रही है?

अशोक : भिक्षा माँगने से मिला करती है नवयुवक! तुमने स्वतन्त्रता की भिक्षा नहीं माँगी। अशोक ने तुम्हें कुछ भी दिया नहीं, तुमसे कुछ लिया ही है। वह इसे याद रखेगा। तुम जा सकते हो। और तुम भी देशपाल।

[देशपाल चुपचाप अभिवादन कर चला जाता है। नवयुवक दो क्षण चुपचाप खड़ा रहता है। फिर झुककर असंधिमित्रा को अभिवादन करता है और धीरे-धीरे चला जाता है।]

महामात्य : इस नवयुवक की उद्दंडता...

अशोक : एक वरदान थी महामात्य! उसने अशोक के सामने यथार्थ का एक ऐसा चित्र खींचा है जिसे भुलाया नहीं जा सकता। आज हृदय बार-बार कह रहा है कि हमने अपराध किया है। यदि सचमुच...

[नेपथ्य में किसी के सिसकने का शब्द सुनाई देता है। सभी का ध्यान अचानक उस ओर चला जाता है। द्वारपाल का प्रवेश।]

द्वारपाल : देवानां-प्रिय प्रियदर्शी महाराज की जय। एक युवती महाराज की सेवा में उपस्थित होना चाहती है।

अशोक : भेज दो।

[द्वारपाल सिर झुकाकर चला जाता है। एक युवती अपने चार-पाँच वर्ष के बालक को छाती से लगाए प्रवेश करती है। बालक सिसक रहा है। युवती की आँखें रो-रोकर सूजी हुई हैं। चेहरा रूखा तथा पीला है। केश अस्त-व्यस्त हैं। वह चुपचाप सबको प्रणाम करती है। फिर करुण दृष्टि से एक-एक करके सबकी ओर देखने लगती है।]

असंधिमित्रा : तुम कौन हो बहन? क्या चाहती हो?

युवती : बहन! *(आँखें भर आती हैं)* नहीं महादेवि! मैं केवल इस अभागे की माँ हूँ। अब मैं वह भी रहना नहीं चाहती। मुझे सहायता चाहिए, महादेवि!

असंधिमित्रा : तुम माँ होकर माँ रहना नहीं चाहतीं? तुम्हें क्या दुःख है? स्पष्ट कहो। हम तुम्हारी क्या सहायता कर सकते हैं?

[युवती कुछ आगे बढ़कर अपने बालक को छाती से पृथक् करके असंधिमित्रा के पैरों के पास डाल देती है। बालक अपनी माँ की ओर बाँहें फैलाकर जोर से सिसकने लगता है।]

युवती : आप मेरी यह सहायता कर सकती हैं, महादेवि! इसका संसार में केवल पिता था और माँ। पिता ने राजा के लिए लड़ते हुए रणभूमि में प्राण त्याग दिए। माँ आधी मर चुकी है। यह उसे पूरी तरह मरने नहीं देता। महादेवि! *(गला रुँध जाता है)* यह मुझे पूरी तरह मरने नहीं देता। इसे मुझसे अलग कर दीजिए।

[बालक सिसकता हुआ धीरे-धीरे चलकर माँ की टाँगों से चिपट जाता है। वह उसे पुनः अलग करने की चेष्टा करती है। वह सिसकता हुआ और भी सट जाता है। असंधिमित्रा, अशोक और महामात्य, तीनों के मुखों पर करुणा झलकने लगती है।]

अशोक : ऐसे न करो भद्रे! अपने एकमात्र सुख को अपने से दूर मत करो।

युवती : स्वामी के पीछे सती हो जाना ही मेरा एकमात्र सुख है, महाराज! और यह...*(दोनों हाथों से बच्चे के कन्धों को बलात् मोड़कर उसका मुख राजा की ओर करके)*...यह मेरे

सुख के मार्ग का काँटा है। इसने मुझे पति के साथ जलने नहीं दिया। इसने...इसने...*(गला रुँध जाता है। बालक सहमी हुई सिसकियाँ लेता हुआ दो क्षण राजा की ओर देखता है। फिर एक बार माँ के मुख की ओर देखकर उसके आँचल में अपने मुख को लपेट लेता है।*

असंधिमित्रा : अपने को सँभालो बहन! तुम्हें अपने नन्हे के लिए जीवित रहना होगा। तुम्हारे पति की मृत्यु युद्ध में हुई है, इसलिए बालक के उचित पालन के लिए जितना धन चाहिए, वह हम तुम्हें देंगे।

युवती : *(आँचल के कोने से आँखें पोंछकर)* मैं अपने सुहाग का मूल्य नहीं माँगती, महादेवि! मुझे अपनी इच्छा से मर लेने दीजिए। मेरे बच्चे को मुझसे अलग कर दीजिए।

अशोक : यह कैसे हो सकता है, भद्रे?

युवती : *(ज़रा सँभलकर)* जो आपसे नहीं हो सकता वह और किससे हो सकता है महाराज? मेरी प्रार्थना क्या आपके पास भी स्वीकृत नहीं होगी?

[सब मौन रहते हैं। युवती धीरे-से बालक को अपने आँचल की ओट से निकालकर पुनः पूर्ववत् उठा लेती है। बालक अपनी पूरी शक्ति से उसकी छाती से चिपट जाता है। वह एक बार सबको अभिवादन कर चुपचाप जाने लगती है।]

अशोक : ठहरो भद्रे! तुम्हारे बालक के लिए राजकोष से...

युवती : आप विजयी हों महाराज! मुझे धन नहीं चाहिए।

[धीरे-धीरे निकल जाती है। अशोक के मुख की कांति फीकी पड़ जाती है, और आत्मग्लानि का भाव प्रकट होता है। असंधिमित्रा और महामात्य जड़वत् बैठे रहते हैं।]

अशोक : कितना व्यंग्य है उस शुभ कामना में। नहीं महामात्य, अशोक को यह विजय नहीं चाहिए।

महामात्य : ऐसा न कहें महाराज! एक स्त्री का प्रलाप सुनकर अस्थिर हो उठना आपको शोभा नहीं देता।

अशोक : एक नहीं महामात्य! कल्पना करो कितनी अभागिनें होंगी, जिनकी आवाज़ में हमारे कानों तक पहुँचने की शक्ति ही नहीं है। हमने सोच लिया है, महामात्य! युद्ध तुरन्त बन्द कर देना होगा।

महामात्य : अब तो पूर्ण विजय निश्चित ही है, महाराज! ऐसे समय युद्ध

बन्द कर देना किसी भी राजनैतिक दृष्टिकोण से उचित नहीं होगा।

अशोक : आज अशोक की दृष्टि बहुत दूर तक देख रही है, महामात्य! सब ओर रक्त के बिन्दु तड़प रहे हैं। जलती हुई आग की चिनगारियाँ उड़ रही हैं।...कितने ही नर-कंकाल अपनी चर्म-हीन आँखों से घूरते हुए इसी ओर संकेत कर रहे हैं।... नहीं महामात्य! अब और अधिक युद्ध नहीं होगा।

असंधिमित्रा : महाराज की आज्ञा का पालन होना चाहिए, महामात्य!

[द्वारपाल का प्रवेश।]

द्वारपाल : देवानां-प्रिय प्रियदर्शी महाराज की जय! युद्धभूमि से देवगुप्त समाचार लेकर आया है।

अशोक : भेज दो।

[देवगुप्त का प्रवेश।]

अशोक : कहो देवगुप्त, क्या समाचार लाए हो?

देवगुप्त : देवानां-प्रिय प्रियदर्शी महाराज की जय! एक हृदय-विदारक समाचार है देव! सुनाने के लिए क्षमा चाहता हूँ।

अशोक : कहो क्या हमारी सेनाओं को कहीं पराजित होना पड़ा?

देवगुप्त : ऐसा नहीं महाराज! जब हमारी सेनाएँ शत्रु की राजधानी पर अन्तिम आक्रमण कर रही थीं, तब श्री महामात्य के आत्मज कुमार कुमारसेन...*(सिर झुका लेता है।)*

महामात्य : *(उद्विग्न होकर)* कहो, कहो।

देवगुप्त : ...बाहुबल का परिचय देते हुए वीरगति पा गए।

[असंधिमित्रा और अशोक दुःख तथा संवेदना-भरी दृष्टि से महामात्य की ओर देखते हैं। महामात्य की आँखें मुँद जाती हैं।]

महामात्य : वीरगति पा गया? धन्यवाद है तेरा ईश्वर!

[दोनों हाथ जोड़ता है।]

अशोक : अब और अधिक नहीं महामात्य। इसी समय आदेश-पत्र लेकर सेनापति के पास जाओ देवगुप्त! युद्ध तुरन्त बन्द कर देना होगा।

[अशोक एक पत्र लेकर लिखने लगता है तभी विजयगुप्त प्रवेश करता है। इसका सारा शरीर क्षत-विक्षत हो रहा है। चारों ओर से रक्त बहने से आकृति बिगड़ रही है। वह बड़ी कठिनता से डग भरता हुआ अशोक के सामने पहुँचता है।]

विजय : देवानां-प्रिय प्रियदर्शी महाराज की जय!

[शिथिलता के कारण अपने को सँभाल न पाने से घुटनों के बल बैठने की चेष्टा करता है। पर उस तरह भी बैठा नहीं जाता। वह गिरता-गिरता सँभलने की चेष्टा करता है। अशोक, असंधिमित्रा और महामात्य अपने स्थानों से उठकर उसके पास आ जाते हैं। देवगुप्त बढ़कर उसे हाथ से सहारा देता है।]

अशोक : क्या बात है विजयगुप्त? ऐसी अवस्था में तुम कहाँ से आ रहे हो?

विजयगुप्त : *(शीघ्रता से)* महा...महाराज को विजय के उपलक्ष्य में... (हिचकियाँ लेने लगता है।)

अशोक : कलिंग पर विजय हो गई?

विजयगुप्त : कलिंग...कलिंग पर...विजय...*(बहुत हिचकियाँ...साँस उखड़ने लगती है।)*...

[नेपथ्य में शंख और घण्टा-ध्वनि होने लगती है। विजयगुप्त की अन्तिम हिचकियों के साथ-साथ पर्दा गिरता है। घंटा-ध्वनि धीरे-धीरे धीमी पड़ जाती है। पर्दा गिर चुकने पर दूर से गीत की एक पंक्ति सुनाई देती है।]

बेबस मन जो आस लगाए,
उसकी डोरी हाथ न तेरे, फिर तू क्यों भरमाये!
बेबस मन जो आस लगाए।...

[पर्दा गिरता है।]

विदा निशा

पात्र

नंदिवर्द्धन : श्वेताम्बर-मतानुसार वर्द्धमान महावीर के बड़े भाई
आर्यगुप्त : एक सहचर
प्रजावती : नंदिवर्द्धन की पत्नी
यशोदा : श्वेताम्बर-मतानुसार वर्द्धमान महावीर की पत्नी
सुनन्दा : वर्द्धमान महावीर की पुत्री

[नंदिवर्द्धन का शयन कक्ष। दूर किसी मन्दिर में प्रभातकालीन मंगल वाद्य बज रहे हैं। नंदिवर्द्धन शैया पर लेटे हुए करवट बदलते हैं। वाद्य-स्वर धीरे-धीरे मन्द पड़ जाता है। कोई द्वार खटखटाता है।]

नंदिवर्द्धन : कौन है?

आर्यगुप्त : *(बाहर से)* मैं आर्यगुप्त हूँ आर्य!

नंदिवर्द्धन : ठहरो, खोलता हूँ। *(उठकर द्वार खोलते हुए आर्यगुप्त को देखकर)* क्या बात है आर्यगुप्त? इस तरह घबराए हुए क्यों हो? सब लोग सकुशल तो हैं?

आर्यगुप्त : सब लोग सकुशल हैं आर्य! परन्तु आज सहसा कुमार ने फिर गृह-परित्याग का निश्चय कर लिया है। उनके हृदय की बात जानते ही मैंने आपको सूचित कर देना अपना कर्तव्य समझा। उन्होंने इसी समय अपने सब वस्त्र आभूषणादि दान कर देने का संकल्प किया है। आपके अतिरिक्त कोई उनके निश्चय को नहीं बदल सकता। आप चलकर उन्हें रोकने की चेष्टा करें। आर्य! यदि वे सचमुच चले गए... *(कहते-कहते सहसा रुक जाता है।)*

नंदिवर्द्धन : बात पूरी करो। रुक क्यों गए?

आर्यगुप्त : व्याकुलता ने मुझे वाचाल बना दिया है, आर्य! मैं जानता हूँ कि मर्यादा की दृष्टि से मुझे आपको सूचित करने के अतिरिक्त कुछ कहने का अधिकार नहीं है। परन्तु मैं जो अनुभव कर रहा हूँ, वह एक बच्चे की तरह कहे जा रहा हूँ। आर्य, क्या सचमुच कुमार हमें छोड़कर चले जाएँगे?

नंदिवर्द्धन : मैं तुम्हारी व्याकुलता को समझता हूँ आर्यगुप्त! *(लम्बी साँस लेकर)* मैं भी चाहता हूँ कि किसी तरह कुमार रुक जाएँ...

आर्यगुप्त : तो आपका तात्पर्य है आर्य, कि...

नंदिवर्द्धन : हाँ, आर्यगुप्त, तात्पर्य यही है कि कुमार को रोकना अब मेरे लिए सम्भव नहीं है।

आर्यगुप्त : *(अवसादपूर्ण स्वर में)* रोकना सम्भव नहीं है? तो आप उन्हें रोकने की चेष्टा भी नहीं करेंगे?

नंदिवर्द्धन : नहीं आर्यगुप्त, मैं चेष्टा भी नहीं करूँगा।

आर्यगुप्त : परन्तु आर्य...

नंदिवर्द्धन : कुमार को रोकने की चेष्टा ज्वाला को मुट्ठी में बाँध लेने की चेष्टा होगी आर्यगुप्त! मैं कुमार को जानता हूँ। मैंने एक बार उन्हें रोककर देखा है। अब दूसरी मैं वह चेष्टा नहीं करूँगा।

आर्यगुप्त : तो अब...

नंदिवर्द्धन : कुमार मुझे अपने गृह-परित्याग के निश्चय की सूचना देंगे, तो मैं स्नेहपूर्वक मुस्कुराकर उनके प्रस्ताव को स्वीकार करूँगा। उनके घर छोड़कर जाने का आयोजन एक महोत्सव के रूप में करूँगा। मैं उन्हें प्रसन्नता के साथ विदा दूँगा।

आर्यगुप्त : आर्य, वे चले गए तो कुंडलपुर की क्या अवस्था होगी?

नंदिवर्द्धन : कुंडलपुर को गर्व होगा कि उसके कुमार ने जीवन में उस तत्त्व की खोज की है जो जीवन से अधिक सत्य और महान है। और, कुंडलपुर भी महान होगा यदि वह उनकी उस खोज में बाधक न बने। जाओ और एक सच्चे परिचायक की तरह कुमार के निश्चय की पूर्ति में उनके सहायक बनो। वे अपना सबकुछ दान कर देना चाहते हैं, तो उसके लिए दानपात्रों को बुला लाओ। आर्यगुप्त, जीवन में कुछ ऐसी भी स्थितियाँ आती हैं, जब दुःख को अपनाकर सुख का अनुभव होता है।

आर्यगुप्त : आपकी आज्ञा शिरोधार्य है आर्य! यह मैं नहीं जानता कि दुःख को अपनाकर सुखी होने की सामर्थ्य मुझमें है या नहीं।

नंदिवर्द्धन : और देखो, जाते हुए महादेवी को सूचित कर देना कि सम्भव हो तो कुछ समय के लिए इस कक्ष में आएँ।

आर्यगुप्त : जो आज्ञा आर्य!

[चला जाता है।]

नंदिवर्द्धन : *(स्वगत)* वही हुआ जिसकी आशंका थी।...मैं तो कुमार को उस बार भी न रोकता यदि यशोदा का मुरझाया हुआ चेहरा मेरी आँखों के सामने न होता। अब भी यही एक चिन्ता है कि यशोदा यह सूचना पाकर क्या अनुभव करेगी...

[महादेवी प्रजावती का प्रवेश।]

प्रजावती : आपने मुझे स्मरण किया है आर्यपुत्र?

नंदिवर्द्धन : हाँ, देवी! *(कुछ क्षण चिन्तित भाव से दीवार की ओर देखकर)* कुमार ने आज फिर गृह-परित्याग का निश्चय कर लिया है।

प्रजावती : ओह!...घर में रहकर भी तो वे वैराग्यपूर्ण जीवन ही व्यतीत कर रहे हैं। क्या यह इसी तरह नहीं चल सकता? मैं जाकर उनसे अनुरोध करूँगी कि...

नंदिवर्द्धन : नहीं देवि! अब हमें कुमार को नहीं रोकना है। तुम्हारा कर्तव्य इस समय यशोदा को सँभालना है। यह समय हमारी परीक्षा का है। मुझे विश्वास है कि हम असफल नहीं होंगे।

प्रजावती : परन्तु क्या कुछ शब्दों से यशोदा को सांत्वना दी जा सकती है? मेरा अपना हृदय विह्वल है, फिर मैं उसे क्योंकर धैर्य बँधा सकती हूँ? मैं नारी हूँ और नारी के हृदय की वेदना को समझ सकती हूँ। नहीं, मुझसे यह नहीं हो सकेगा कि मैं उससे आश्वासन के फीके-फीके शब्द कहूँ। वे शब्द मेरे अपने हृदय में ग्लानि भर देंगे। यह भार मुझे मत सौंपिए। मैं अपने को बहुत दुर्बल पाती हूँ।

नंदिवर्द्धन : यह समय अपनी दुर्बलता को वश में करने का है, देवि! तुम जानती हो कि तुम्हारी दुर्बलता यशोदा के जीवन को संकट में डाल सकती है। फिर यशोदा के साथ प्रियदर्शना भी तो है। उस नन्ही बच्ची के हित के लिए भी तुम्हें यशोदा को सँभालना है। अपनी मानसिक शक्ति का संचय करो और कर्तव्य का पालन करो।

प्रजावती : मैं यत्न करूँगी। जहाँ तक बन पड़ेगा, करूँगी। परन्तु यदि मैं सफल न हो सकी, यदि मैं हार गई...

नंदिवर्द्धन : मुझे विश्वास है कि तुम नहीं हारोगी।

प्रजावती : परन्तु मुझे विश्वास नहीं है। मेरा हृदय दुर्बल है। मैं सोच भी नहीं पा रही कि मुझे यशोदा से क्या कहना चाहिए। यदि उसके सामने जाते ही मेरा हृदय छलक उठा तो मुझे दोष मत दीजिएगा।

नंदिवर्द्धन : *(जैसे स्वगत)* मैं भी देवपूजा के अनन्तर कुमार की वनयात्रा का प्रबन्ध करता हूँ। मैं चाहता हूँ कि घर से जाते समय कुमार किसी की आँखें अश्रुपूर्ण न देखें। उनकी शान्ति में किसी प्रकार की बाधा नहीं पड़नी चाहिए।

दृश्य-परिवर्तन

[यशोदा का कक्ष। यशोदा देवमन्दिर में जाने के लिए तैयार हो रही है। सुनन्दा उसकी सहायता कर रही है।]

यशोदा : *(माथे पर बिन्दी लगाती हुई)* पूजा की थाली तैयार है न सुनन्दा?

सुनन्दा : हाँ, देवि!

यशोदा : तो ले आ। और देख कि प्रियदर्शना अभी तैयार हुई है या नहीं।

सुनन्दा : देखती हूँ देवि! *(चली जाती है।)*

यशोदा : *(स्वगत)* न जाने कभी-कभी अकारण ही क्यों मन उदास हो जाता है। आज पूजा में भी विलम्ब हो गया। शायद पूजा के अनन्तर मन का भार कुछ हल्का हो सके।

[सुनन्दा पूजा की थाली लिए हुए आती है।]

सुनन्दा : यह लीजिए पूजा की थाली देवि! अनुराधा प्रियदर्शना को तैयार कर रही है।

[प्रजावती का प्रवेश।]

प्रजावती : क्यों यशोदा, आज अभी तक पूजा के लिए नहीं गई क्या?

यशोदा : आओ दीदी! आज पूजा में कुछ विलम्ब हो गया। बस, अब जा ही रही हूँ, प्रियदर्शना आ जाए। जा सुनन्दा, अनुराधा से कह कि उसे शीघ्र ले आए।

सुनन्दा : जो आज्ञा देवि! *(चली जाती है)*

प्रजावती : *(स्निग्ध करुण दृष्टि से यशोदा को देखकर)* मैं एक विशेष बात कहने आई हूँ यशोदा!

यशोदा : *(प्रजावती की आँखों के भाव से कुछ अव्यवस्थित होकर)* कहो, क्या बात है दीदी? इस तरह क्यों मेरी ओर देख रही हो? मुझसे कोई अपराध हुआ है क्या?

प्रजावती : तुम और अपराध? यह भी भला सम्भव है क्या? नहीं यशोदा! मैं जो बात कहना चाहती हूँ, वह होंठों तक आती ही नहीं।

यशोदा : *(आग्रहपूर्वक)* कह दो न दीदी! कह भी दो।

प्रजावती : यशोदा, कुमार ने आज गृह-परित्याग का निश्चय कर लिया है।

[यशोदा के चेहरे का रंग उड़ जाता है। उसके हाथ से पूजा की थाली गिर जाती है। वह प्रजावती के कन्धे का सहारा लेकर किसी तरह सँभलती है।]

प्रजावती : *(उसे सँभालती हुई व्याकुल स्वर में)* यशोदा! इस तरह मत हो जाओ! यशोदा, हृदय को स्थिर रखो। यहाँ आसन पर बैठो।

यशोदा : *(गले में ही डूबने से स्वर में)* मैं ठीक हूँ दीदी। मैं...मैं...*(सहसा रुलाई आ जाने से प्रजावती के वक्ष में मुँह छिपाकर)* ओ दीदी!

प्रजावती : यह अधीर होने का समय नहीं है यशोदा! तुम्हारे जेठजी की कामना है कि हम उन्हें हँसते-हँसते विदा दें, इस अवसर को मंगल अवसर के रूप में मनाएँ।

यशोदा : *(वैसे ही स्वर में)* मंगल अवसर के रूप में? हाँ, दीदी, मैं इसे मंगल अवसर के रूप में ही मनाऊँगी। मैं उन्हें हँसते-हँसते विदा दूँगी। *(फिर विह्वल स्वर में)* परन्तु दीदी, वे मुझसे विदा लेने आएँगे भी?

[सुनन्दा आती है।]

सुनन्दा : *(घबराए हुए स्वर में)* देवि, कुमार ने...*(यशोदा के चेहरे का भाव देखकर सहसा रुककर)* देवि, आप...

यशोदा : कह सुनन्दा, क्या कह रही थी? उन्होंने कुछ संदेश दिया है क्या? जल्दी कह सुनन्दा, क्या बात है?

सुनन्दा : मैं यह समाचार लेकर आई थी देवि, कि कुमार ने अपना सब कुछ—एक-एक वस्त्र और एक-एक आभूषण दान कर दिया है। वह मणिबंध भी, जो विवाह के अवसर पर आपने उनकी कलाई पर बाँधा था।

यशोदा : वह मणिबंध भी, जो विवाह के अवसर पर मैंने उनकी कलाई पर बाँधा था? तो उन्होंने मेरे साथ अपने सम्बन्ध का अन्तिम सूत्र भी तोड़ दिया? *(व्याकुल स्वर में)* नहीं दीदी, वे अब

मुझसे विदा लेने नहीं आएँगे। वे अब जीवन-भर कभी मुझे देखेंगे भी नहीं। और मैं दीदी, उनकी विदा के दिन को मंगल अवसर के रूप में मनाऊँगी—अवश्य मनाऊँगी। *(रो पड़ती है)*

प्रजावती : देखो यशोदा, अनुराधा प्रियदर्शना को लेकर आ रही है। प्रियदर्शना तुम्हें इस तरह रोते देखेगी तो उसके हृदय पर क्या प्रभाव पड़ेगा? तुम क्षत्रिय कुलवधू हो। हृदय को स्थिर रखो।

यशोदा : *(सँभलती हुई)* मैं हृदय को स्थिर रखूँगी दीदी! प्रियदर्शना मेरी आँखों में आँसू नहीं देखेगी।

[प्रियदर्शना प्रसन्नतापूर्वक दौड़ती हुई आती है। उसके पीछे- पीछे अनुराधा आती है।]

प्रियदर्शना : *(यशोदा के गले में बाँहें डालकर)* माँ, तुम्हें पता है माँ, आज महल में एक बहुत बड़े उत्सव की तैयारी हो रही है? यह कौन- सा उत्सव है माँ? तुमने मुझे पहले क्यों नहीं बताया?

प्रजावती : प्रियदर्शना, इधर आ बेटी! आज तेरे पिताजी की वनयात्रा का उत्सव है। आज वे पालकी में बैठकर बाहर वन की ओर जाएँगे।

प्रियदर्शना : तो हम भी उनके साथ जाएँगे न? आप, ताऊजी, माँ और मैं?

प्रजावती : हम उनके साथ नहीं जाएँगे बेटी! हम यहाँ से उनकी पालकी को निकलकर जाते देखेंगे। ऊपर से पालकी पर फूल बरसाएँगे।

प्रियदर्शना : नहीं, मैं उनके साथ जाऊँगी।

प्रजावती : तेरी माँ यहाँ रहेगी और तू उसे छोड़कर चली जाएगी? माँ से तुझे इतना ही स्नेह है?

प्रियदर्शना : *(दुलार के स्वर में)* नहीं, माँ को छोड़कर नहीं जाऊँगी। मैं माँ के पास रहूँगी। माँ, उत्सव के दिन के लिए मेरे ये वस्त्र ठीक हैं या दूसरे वस्त्र पहनूँ?

यशोदा : *(संयत स्वर में)* तेरे ये वस्त्र बहुत अच्छे हैं बेटी! दूसरे वस्त्र पहनने की आवश्यकता नहीं।

प्रियदर्शना : परन्तु तुम्हारे ये वस्त्र तो उत्सव के दिन के लिए ठीक नहीं हैं माँ! तुम दूसरे वस्त्र पहनो। पहनोगी न?

यशोदा : हाँ, पहनूँगी बेटी!

प्रियदर्शना : तो अभी मेरे साथ चलो।

यशोदा : अभी नहीं बेटी! भूल गई कि पहले हमें देव मन्दिर में पूजा करने जाना है? सुनन्दा, जा पूजा के लिए दूसरी थाली सजा ला।

सुनन्दा : जो आज्ञा देवि!

दृश्य-परिवर्तन

[राजप्रासाद के गवाक्ष के पास की भूमि। दूर यात्रा के मंगल वाद्यों का शब्द सुनाई दे रहा है। यशोदा चिन्तित मुद्रा में खड़ी है।]

यशोदा : *(स्वगत)* मार्गशीर्ष शुक्ला दशमी की यह संध्या आज कितनी असाधारण हो उठी है! एक-एक घड़ी करके दिन बीत गया। अब एक-एक घड़ी करके रात बीत जाएगी। जो क्षण दूर था वह अब आ गया है और अभी देखते-देखते अतीत में चला जाएगा। प्राण रहेंगे, पर यशोदा का जीवन बीत चुका होगा...

[प्रजावती का प्रवेश।]

प्रजावती : यशोदा!

यशोदा : दीदी!

प्रजावती : तुम इन वस्त्रों में कितनी सुन्दर लग रही हो यशोदा!

यशोदा : *(व्यथित स्वर में)* यह सब चर्चा मत उठाओ दीदी! स्त्री का सौन्दर्य उसका सौभाग्य है, और...

प्रजावती : और उस दृष्टि से भी यशोदा का सौन्दर्य संसार की किसी स्त्री को प्राप्त नहीं। चलो, गवाक्ष के पास चलें। कुमार चन्द्रप्रभा पालकी में बैठ चुके हैं। पालकी अब राजद्वार के बाहर निकलने ही वाली है। जब पालकी गवाक्ष के नीचे पहुँचे तो इतने फूल बरसाना कि सहसा उनकी आँखें इस ओर को उठ जाएँ। सुनन्दा से फूलों की डालियाँ लाने को कह दिया है न?

यशोदा : कह दिया है दीदी!

प्रजावती : प्रियदर्शना कहाँ है?

यशोदा : मैंने सुनन्दा से उद्यान के सबसे सुन्दर फूल चुनकर लाने को कहा, तो वह हठ करने लगी कि मैं अपने हाथों से फूल चुनकर लाऊँगी। मैंने उसे सुनन्दा के साथ ही भेज दिया है।

प्रजावती : तो चलो, हम गवाक्ष की ओर चलें।

[वाद्यों का स्वर निकट आने लगता है। बीच-बीच में सम्मिलित कंठ से 'वर्द्धमान महावीर की जय' की ध्वनि सुनाई देती है। प्रियदर्शना सुनन्दा का हाथ पकड़े आती है। सुनन्दा दोनों हाथों में फूलों की डालियाँ लिए है।]

प्रियदर्शना : *(यशोदा के निकट जाती हुई)* माँ! माँ! देखो माँ, मैं कितने अच्छे फूल चुनकर लाई हूँ। अच्छे हैं न माँ?

यशोदा : हाँ, बेटी, ये फूल उतने ही सुन्दर हैं जितनी सुन्दर तू है।

प्रियदर्शना : माँ, देखो, पालकी अब बहुत पास आ गई है। तुम फूल हाथों में ले लो।

प्रजावती : *(यशोदा का हाथ पकड़कर)* तुम्हारा हाथ काँप रहा है यशोदा!

यशोदा : दीदी, क्या तुम निश्चयपूर्वक कह सकती हो कि वे एक बार दृष्टि उठाकर इस ओर देखेंगे? यदि उन्होंने नहीं देखा...?

प्रजावती : फिर वही अधीरता! देखो, पालकी बहुत पास आ गई है। अब फूल हाथों में ले लो।

[वाद्यों का स्वर और निकट आ जाता है। इस स्वर के पीछे से उभरकर पुरुष-कंठ से यह गीत सुनाई देता है :]

यह विदा निशा मंगलमय हो!
जन जन के स्वर में मधुमय
भावों की नव कोमल लय हो!
जीवन के अनुराग राग का,
फूलों पर उड़ते पराग का,
आकर्षण न बने मरीचिका,
निःसंशय मन निर्भय हो!
जैसे वीणा के सोए स्वर,
जैसे पक्षी के निश्चल पर,
वैसे अन्तर की निहित शक्ति है,
निःश्वासों में क्यों क्षय हो?
ज्यों सौरभ का, बेला का बन,
ज्यों पुलकस्पर्श का, मलय पवन,
कुछ उसी तरह मानव का मन,
सद्भावों का मृदु आलय हो!

[इस स्वर के रुकने तक वाद्य-स्वर दूर चला जाता है। इस बीच यशोदा, प्रजावती और प्रियदर्शना फूल बरसाती रहती हैं। गीत का स्वर रुकने पर यशोदा आँखें मूँदकर अन्तर की व्यथा को दबाने की चेष्टा करती हुई गवाक्ष से पीछे हटती है।]

यशोदा : *(क्षीण स्वर में)* उन्होंने नहीं देखा! एक बार भी नहीं देखा।

प्रियदर्शना : हमने कितने फूल बरसाए माँ, पर उन्होंने एक बार भी इस ओर आँख नहीं उठाई।

यशोदा : हाँ, प्रियदर्शना, उन्होंने इस ओर आँख नहीं उठाई। उन्होंने हमारी ओर नहीं देखा।

प्रजावती : यह इस बात का प्रमाण है यशोदा, कि उनकी साधना कितनी पूर्ण है। तुम्हें खेद नहीं होना चाहिए।

यशोदा : नहीं दीदी, मुझे खेद नहीं है। केवल एक व्यथा है, पर उस व्यथा में भी गर्व मिला हुआ है। मैं उनके योग्य नहीं थी, फिर भी मैं उनकी रही हूँ, प्रियदर्शना उनकी ही देन है, इस अनुभूति से मैं सुखी भी हूँ। व्यथा, गर्व और सुख, आज यही मेरी थाती है।

प्रियदर्शना : देखो माँ, पालकी कितनी दूर चली गई है!

यशोदा : *(जैसे स्वगत)* पालकी दूर चली गई है। धीरे-धीरे और भी दूर चली जाएगी। परन्तु हृदय से वह मूर्ति कभी दूर नहीं जा सकेगी...कभी भी नहीं...

[पर्दा गिरता है।]

तुलसीदास

(ध्वनि एकांकी)

[बादलों का गर्जन और वर्षा का शब्द।]

प्रवक्ता : आज से लगभग चार सौ वर्ष पूर्व सूकरखेत की गलियों में एक दीन-हीन बालक, जिसकी देह रोज-रोज की भूख से सूख रही थी और जिसके वस्त्र तार-तार हो रहे थे, वर्षा में भीगता हुआ लोगों से भीख माँगता फिर रहा था।

[दूर से बालक के शब्द सुनाई देते हैं—"राम तुम पर कृपा करेंगे माँ! एक रोटी दे दो। एक रोटी दे दो माँ, बहुत भूख लगी है! एक टुकड़ा ही दे दो माँ! बहुत भूखा हूँ।" साथ प्रवक्ता के शब्द चलते रहते हैं :]

प्रवक्ता : किसी को उसकी ओर देखने का अवकाश नहीं था। किसी के पास उसे देने के लिए एक टुकड़ा भी नहीं था। पर आशा उसके पैरों को चलाए जा रही थी। इस गली में नहीं तो उस गली में सही। उस गली में भी नहीं तो किसी मन्दिर में सही। कहीं-न- कहीं शायद कुछ टुकड़े मिल ही जाएँ। उसके पैर उन चारदीवारों की परिक्रमा करते चलते हैं जिनमें कहीं उसके लिए स्नेह का स्पंदन नहीं था। एक रथवाह की दृष्टि उस पर पड़ी, तो उसे जैसे विनोद का विषय मिल गया। उसने उसे भरपेट खिलाने का आश्वासन देकर रथ के साथ-साथ भागकर चलने को कहा। बालक रथ के पीछे भागने लगा। भोजन पाने की आशा ने उसके थके हुए पैरों में स्फूर्ति ला दी। ऊपर वर्षा तेज हो रही थी। नीचे रथ के पहियों के छींटे उड़कर उस पर पड़ रहे थे। परन्तु उसे उनकी परवाह नहीं थी। रथवाह धीरे-धीरे रथ की गति तेज किए जा रहा था।

[वर्षा, रथ के चलने और बालक के भागने का शब्द।]

रथवाह : वर्षा में भागना कैसा लगता है रे?

बालक : अच्छा लगता है।

रथवाह : अभी कितने कोस और दौड़ सकता है?

बालक : जितने कोस भी दौड़ना पड़े। आपका घर कितनी दूर है?

रथवाह : *(हँसकर)* कितनी भी दूर हो। तू तो भागता चलेगा न?

बालक : हाँ, महाभाग, मैं बहुत भूखा हूँ।

रथवाह : कितने दिन का भूखा है?

बालक : कई दिन का भूखा हूँ महाभाग! कल मन्दिर से प्रसाद लेकर खाया था, बस!

रथवाह : पर दौड़ता तो तू ऐसे है जैसे तेरे शरीर में बहुत शक्ति हो। भूखा आदमी ऐसे कैसे दौड़ सकता है?

बालक : मैं भूख के कारण ही ऐसे दौड़ रहा हूँ महाभाग! रथ की गति जरा धीमी कर दीजिए। मैं बहुत थक गया हूँ।

रथवाह : *(हँसकर)* थक गया है? तो रुक जा। अभी मेरा घर बहुत दूर है।

बालक : नहीं, मैं आपके घर तक चलूँगा। *(हाँफता हुआ)* पर रथ की गति और तेज मत कीजिए। मैं इतना तेज नहीं दौड़ सकता।

रथवाह : देख, घोड़े तो रथ को साथ खींच रहे हैं। तू तो अकेला भाग रहा है। *(अट्टहास करता है)*

बालक : *(हाँफता हुआ)* नहीं महाभाग! इतना तेज नहीं। मेरी साँस फूल रही है। मुझसे अब...

[रथवाह केवल अट्टहास करता है।]

बालक : क्षण-भर के लिए रोक लीजिए महाभाग! इतना आगे मत निकालिए। मैं...महाभाग!

[रथ के तेज चलने और बालक के पगों के मन्द पड़ने का शब्द। फिर बालक के सिसकने का शब्द सुनाई देता है।]

प्रवक्ता : और बालक सिसकता हुआ मार्ग के एक जर्जर मन्दिर की ड्योढ़ी में जाकर बैठ गया। रात हो जाने पर वह वहीं पर सो गया। भूख और थकान के कारण वह निद्रा में भी अशान्त

था। उसने स्वप्न में देखा कि वह रथवाह एक राक्षस है, जो उसे निगलने आ रहा है। वह जोर से चीख उठा। उसी समय बादल जोर से गरजा। बालक की आँख खुल गई और उसे जैसे चमकती हुई विद्युत में एक छटा दिखाई दे गई। उस अलक्ष्य झाँकी ने उसके हृदय से राक्षस का भय मिटा दिया। वह मुग्ध होकर आकाश की ओर देखता रहा। बिजली फिर चमकी। बादल फिर गरजा। उसने वर्षा की बूँदों में प्रसन्नता से काँपते हुए फूलों को देखा। उसका हृदय विभोर हो उठा। उसके अन्तर की व्याकुलता को सहारा मिल गया। उसका परिचय उस स्वरूप से हो गया जो अलक्ष्य होता हुआ भी लक्ष्य था। गुणातीत होता हुआ भी शील-शक्ति और सौन्दर्य से सम्पन्न था। वह देखता रहा, देखता रहा। उसके हृदय ने उस स्वरूप को नाम दे दिया—राम! पहले भी वह इसी नाम को अवलम्ब के रूप में अपनाकर भिक्षा माँगा करता था। पर अब यह केवल नाम ही नहीं रहा। अब यह अंधकार से लड़ती हुई ज्योति का, निराशा से लड़ती हुई आशा का, पराजय की मनोवृत्ति से लड़ते हुए विश्वास का प्रतीक हो गया। वह बालक, जिसे लोगों ने 'रामबोला' नाम दे रखा था, अब संसार में रामत्व का संदेशवाहक 'तुलसीदास' बनकर युवा हुआ। एक ही भाव और एक ही विश्वास लिए हुए उसके हृदय से निकली यह वाणी चारों ओर गूँजने लगी :

भज मन राम चरण सुखदाई।
जिहि चरनन से निकली सुरसरी संकर जटा समाई।
जटा संकरी नाम पर्‌यो है त्रिभुवन तारन आई।

जिन चरनन की चरनपादुका भरत रह्यो लव लाई।

सोई चरन केवट धोइ लीने तब हरि नाव चलाई।
दंडक बन प्रभु पावन कीन्हों ऋषियन त्रास मिटाई।
सोई प्रभु त्रिलोक के स्वामी कनक-मृगा संग धाई।
सिव सनकादिक अरु ब्रह्मादिक सेष सहस मुख गाई।
तुलसिदास मारुत-सुत की प्रभु निज मुख करत बड़ाई।।

प्रवक्ता : गायक तुलसीदास गुरु चरणों में बैठकर वेद, शास्त्र, पुराण, काव्य, नाटक आदि का अध्ययन कर चुके थे। गुरु ने ही उन्हें राम की महिमा का विशुद्ध परिचय दिया था। उस

महिमा का बखान उन्होंने रामचरितमानस में किया। वे राम-कथा का गायन करते हुए स्थान-स्थान पर घूमते रहे। अयोध्या, काशी, प्रयाग, चित्रकूट, बारिपुर, दिगपुर जहाँ भी वे गए, वहाँ अपने प्रभु का यशोगान करते रहे। महेश की पुरी काशी में, जहाँ उनके जीवन के उत्तरार्ध का अधिकांश भाग व्यतीत हुआ, बहुत से लोग उनसे ईर्ष्या रखने लगे। इनमें से अधिकांश वे पंडित और आचार्य थे जो उनकी लोकप्रियता को सहन नहीं कर सकते थे। उन्होंने साम्प्रदायिकता की आड़ लेकर उनकी निन्दा करना आरम्भ किया। भला शिव की नगरी में रहकर तुलसी को राम का यशोगान करने का क्या अधिकार था? उन्हें पाखंडी और ढोंगी बताया जाने लगा। एक बार उन्हें पंडितों की एक सभा में बुलाया गया। पंडितों की इच्छा उनसे उल्टे-सीधे प्रश्न पूछकर उन्हें हीन प्रमाणित करने की थी। प्रधान आचार्य ने अपना वक्तव्य आरम्भ किया :

प्रधान आचार्य : आप लोग जानते हैं कि हम आज यहाँ क्यों एकत्र हुए हैं। हमारा विचार है कि तुलसीदास जिस मत का प्रचार काशी में कर रहे हैं, वह शास्त्रसम्मत नहीं है। मैं सबसे पहले उनसे यह जानना चाहता हूँ कि उनके मत का आधार कौन-सा शास्त्र है?

[लोगों का कोलाहल। कोलाहल के बीच प्रधान आचार्य के शब्द सुनाई देते हैं: "कृपया आप लोग शान्त हों। तुलसीदास उत्तर देने जा रहे हैं।"]

तुलसी : मेरा निवेदन है कि मैं किसी मत का प्रचार नहीं कर रहा। *(फिर कोलाहल)*

प्रधान आचार्य : आप लोग शान्त रहें।

[कोलाहल शान्त हो जाता है।]

प्रधान आचार्य : दिन-रात राम-नाम की रट गाना और लोगों को राम-नाम का उपदेश देना क्या मत-प्रचार नहीं है?

तुलसी : राम सर्वान्तर्यामी प्रभु हैं। वे घट-घट में व्याप्त हैं। उनका प्रचार भला मैं एक तुच्छ मानव क्या करूँगा?

प्रधान आचार्य : आप कहना चाहते हैं कि काशीश्वर शिव आपके राम की अपेक्षा हीन हैं?

तुलसी : राम केवल मेरे हैं, यह आपसे किसने कहा? वे आपके भी हैं और काशीश्वर शिव के भी—उसी तरह जैसे काशीश्वर शिव राम के हैं।

प्रधान आचार्य : यहाँ शब्दजाल से काम नहीं चलेगा। आपको प्रमाणित करना होगा कि आपका राम-भक्ति का मार्ग वेदविहित है।

तुलसी : विश्वासी हृदय के लिए किसी प्रमाण की आवश्यकता नहीं है और अविश्वासी के लिए प्रमाण का कोई उपयोग नहीं है। मैं राम-नाम को तर्क और शास्त्रार्थ का विषय नहीं समझता।

[कोलाहल। कोलाहल के बीच लोगों के ये वाक्य सुनाई देते हैं :]

"कितना बड़ा पाखंडी है!"
"विनय तो इसे छू नहीं गई।"
"ऐसे व्यक्ति को एक दिन के लिए भी काशी में नहीं रहने देना चाहिए।"
"शिवद्रोही है।"
"मेरा विश्वास है कि यह किसी नीच कुल में उत्पन्न हुआ है।"
"इससे पूछिए कि इसकी जाति क्या है?"

[कुछ क्षण कोलाहल चलता रहता है।]

प्रधान आचार्य : शान्ति! हमें इस तरह अधीर होना शोभा नहीं देता। यह तो सिद्ध हो ही गया कि तुलसी शिवभक्तों को अविश्वासी समझते हैं और इस तरह ये शिव-विरोधी हैं। इनके मत के विषय में और कुछ कहने से पूर्व मैं चाहता हूँ कि ये भक्ति के सम्बन्ध में अपना अधिकार सिद्ध करें। तुलसीदास, क्या आप अपने वंश और जाति आदि का परिचय देंगे, क्योंकि इस सम्बन्ध में अनेक तरह की किंवदंतियाँ सुनने में आती हैं। आप कई वर्षों से काशी में रह रहे हैं, परन्तु इस विषय पर आपने कभी किसी के सामने प्रकाश नहीं डाला।

तुलसी : मुझे इस सम्बन्ध में इतना ही कहना है कि मैं मनुष्य जाति का एक प्राणी हूँ।

[लोगों में कुछ हलचल होती है।]

प्रधान आचार्य : इस तरह अपनी जाति छिपाकर आप लांछन से नहीं बच सकते। क्या आपकी दृष्टि में म्लेच्छ और ब्राह्मण सबको एक मानना चाहिए, क्योंकि वे मनुष्य हैं?

तुलसी : नहीं। परन्तु म्लेच्छ कौन? वही न जिसका मन दूषित है, कर्म अपवित्र है और वाणी निर्मल नहीं?

प्रधान आचार्य : नहीं, म्लेच्छ वह है जो म्लेच्छ के घर जन्म लेता है। और फिर, वह अपनी वास्तविकता को कितना ही छिपाए, वह ब्राह्मण नहीं बन सकता। यदि वह अपना वास्तविक परिचय न देकर ब्राह्मण समाज में स्थान प्राप्त करने की चेष्टा करता है, तो वह दंडनीय है।

तुलसी : मुझे राम के अतिरिक्त किसी के समाज में स्थान प्राप्त करने की कामना नहीं है। अतः मैं अपने सम्बन्ध में किसी तरह का विवरण देना आवश्यक नहीं समझता।

प्रधान आचार्य : इसका अर्थ यही है कि आपका सम्बन्ध किसी ऐसे वंश से है जो...

[वाक्य पूरा होने से पूर्व ही कोलाहल होने लगता है जिसमें ऐसे-ऐसे वाक्य उभरकर सुनाई देते हैं :
"नीच है।"
"इसे इस समाज में कभी नहीं आने देना चाहिए।"
"इसका बहिष्कार होना चाहिए।"]

प्रवक्ता : ऐसे-ऐसे आक्षेपों से विह्वल होकर तुलसी की आत्मा पुकार उठती है :

मेरे जाति-पाँति न चहों काहू की जाति-पाँति,
मेरे कोऊ काम को न मैं काहू के काम को।
लोक परलोक रघुनाथ ही के हाथ सब,
भारी है भरोसो तुलसी के एक नाम को।
अति ही अयाने उपखानो नहि बूझें लोग,
साह ही को गोल गोत होत है गुलाम को।
साधु के असाधु के भलो के पोच सोच कहा,
का काहू के द्वार परौ जो हों सो हों राम को।।

प्रवक्ता : इस तरह के व्याकुलता के क्षण आते रहने पर भी तुलसी की दृढ़ता में कोई अन्तर नहीं आया। उनका वह विश्वास

और सन्देश निरन्तर बना रहा जो उन्होंने मीरा को लिख भेजा था :

जाके प्रिय न राम बैदेही।
तजिये ताहि कोटि बैरी सम जद्यपि परम सनेही।
तात मात भ्राता सुत पति हित इन सम कोऊ नाहीं।
रघुपति विमुख जानि लघु तृण इव-तजत न सुकृत डराहीं।
तज्यो पिता प्रह्लाद बिभीषन बन्धु भरत महतारी।
बलि गुरु तज्यो कंत ब्रज बनितन थे सब मंगल कारी।
नातो नेह राम सों मानियत सुहृद सुसेव्य जहाँ लों।
अंजन कहा आँख जो फूटे बहुतक कहौं कहाँ लों।
तुलसी सोइ सब भाँति आपनो पूज्य प्रान तें प्यारो।
जासों होइ सनेह राम सों एतो मतो हमारो।।

प्रवक्ता : और देश में तुलसी की ख्याति दिन-प्रतिदिन बढ़ती ही गई। उनके रामचरितमानस ने लोगों को नई आशा और नया विश्वास दे दिया था। आपसी कलह से जर्जरित तथा विधर्मियों के अत्याचार के कारण छटपटाती हुई जाति को भविष्य की ओर बढ़ने का नया संबल मिल गया था। तुलसी ने समाज को जिस रामराज्य की झाँकी दिखलाई थी उसमें सबकुछ आदर्श ही आदर्श था। परन्तु वे रामराज्य के सुखी जीवन की कल्पना करके ही नहीं रह गए थे। अपने आसपास के दैनिक जीवन में भी जहाँ उन्हें दुःख दिखाई देता था, वहाँ वे उसे दूर करने की चेष्टा करते थे। उनके काशीवास के दिनों में वहाँ महामारी का प्रकोप हुआ तो वे रात-दिन उसके निवारण के लिए देवी-देवताओं से प्रार्थना करते रहे। उनके हृदय की आतुरता ही जैसे उन्हें विवश करके उनसे कहलाती रही :

रचत बिरंचि, हरि पालत, हरत हर,
तेरे ही प्रसाद जग अग जग पालिके।
तोहि में बिकास बिस्व, तोही में बिकास सब,
तोही में समात मातु भूमिधर बालिके।
दीजै अवलम्ब जगदम्ब न विलम्ब कीजै,
करुना तरंगिनी कृपा-तरंगमालिके।
रोष महामारी परितोष महतारी दुनी,
देखिए दुखारी मुनि मानस मरालिके।

प्रवक्ता : इन भक्तशिरोमणि की राम-भक्ति और लोकहित भावना एक ही प्रवृत्ति के दो रूप थे। इसी में उनके जीवन की सार्थकता थी। इसीलिए अन्त समय आने पर उनके हृदय में पूर्ण शान्ति व्याप्त थी :

राम-नाम-जस बरनि के भयो चहत अब मौन।
तुलसी के मुख दीजिए अब ही तुलसी सोन।।

तुलसी चले गए। परन्तु समय की धूलि पर वे जो पगचिह्न छोड़ गए हैं, उन्हें देखकर आज भी हृदय कह उठता है :

सुर-तिय नर-तिय नाग-तिय अस चहत सब कोय।
गोद लिए हुलसी फिरें, तुलसी सो सुत होय।।

[पर्दा गिरता है।]

●●●